V&R

PSYCHODYNAMIK **Kompakt**

Herausgegeben von
Franz Resch und Inge Seiffge-Krenke

Luise Reddemann

Mitgefühl, Trauma und Achtsamkeit in psychodynamischen Therapien

Vandenhoeck & Ruprecht

Bibliografische Information der Deutschen Nationalbibliothek

Die Deutsche Nationalbibliothek verzeichnet diese Publikation in der
Deutschen Nationalbibliografie; detaillierte bibliografische Daten sind
im Internet über http://dnb.d-nb.de abrufbar.

ISBN 978-3-525-40556-7

Weitere Ausgaben und Online-Angebote sind erhältlich unter: www.v-r.de

Umschlagabbildung: Paul Klee, Landschaft am Anfang, 1935, akg-images

© 2016, Vandenhoeck & Ruprecht GmbH & Co. KG,
Theaterstraße 13, D-37073 Göttingen /
Vandenhoeck & Ruprecht LLC, Bristol, CT, U.S.A.
www.v-r.de
Alle Rechte vorbehalten. Das Werk und seine Teile sind urheberrechtlich
geschützt. Jede Verwertung in anderen als den gesetzlich zugelassenen Fällen
bedarf der vorherigen schriftlichen Einwilligung des Verlages.
Printed in Germany.

Satz: SchwabScantechnik, Göttingen
Druck und Bindung: ⊕ Hubert & Co GmbH & Co. KG,
Robert-Bosch-Breite 6, D-37079 Göttingen

Gedruckt auf alterungsbeständigem Papier.

Inhalt

Vorwort zur Reihe 7

Vorwort zum Band 9

Vorbemerkungen 11

1 Historischer Bezug und aktuelle Haltungen 16

2 Einige Aspekte von Mitgefühl in der zeitgenössischen
  Philosophie 21

3 Mitfühlende psychodynamische Psychotherapie 24
  3.1 Die intersubjektive Sicht 24
  3.2 Ego-State-orientierte Sicht und Verbundenheit
      mit sich selbst 27
  3.3 Mitgefühl und Verbundenheit 29

4 Mitgefühl und phronesis 30

5 Mitgefühl und Hoffnung 32

6 Mitgefühl im Kontext der Lehre von den
  »himmlischen Verweilungen« oder die Freude am Weg
  als salutogenetisches Vorgehen 35

7 Einige Beispiele von Begegnungen von Psychodynamikern
  und Buddhismus 37
  7.1 Historische Vorläufer der Begegnung von
      Psychodynamik und Buddhismus 37

7.2 Aktuelle Begegnungen 38
7.3 Wichtige Themen 40

8 Mitgefühl und Achtsamkeit in der therapeutischen Beziehung – psychodynamische Psychotherapie und buddhistische Konzepte 41

9 Psychoanalytische Identität und Begegnung mit buddhistischen Konzepten 46

10 Achtsamkeit und psychodynamische Sichtweisen 50

11 Meditative Praxis als Übungsweg 53

12 Abschließende Überlegungen 58

Literatur 60

Vorwort zur Reihe

Zielsetzung von PSYCHODYNAMIK KOMPAKT ist es, alle psychotherapeutisch Interessierten, die in verschiedenen Settings mit unterschiedlichen Klientengruppen arbeiten, zu aktuellen und wichtigen Fragestellungen anzusprechen. Die Reihe soll Diskussionsgrundlagen liefern, den Forschungsstand aufarbeiten, Therapieerfahrungen vermitteln und neue Konzepte vorstellen: theoretisch fundiert, kurz, bündig und praxistauglich.

Die Psychoanalyse hat nicht nur historisch beeindruckende Modellvorstellungen für das Verständnis und die psychotherapeutische Behandlung von Patienten hervorgebracht. In den letzten Jahren sind neue Entwicklungen hinzugekommen, die klassische Konzepte erweitern, ergänzen und für den therapeutischen Alltag fruchtbar machen. Psychodynamisch denken und handeln ist mehr und mehr in verschiedensten Berufsfeldern gefordert, nicht nur in den klassischen psychotherapeutischen Angeboten. Mit einer schlanken Handreichung von 60 bis 70 Seiten je Band kann sich der Leser schnell und kompetent zu den unterschiedlichen Themen auf den Stand bringen.

Themenschwerpunkte sind unter anderem:
- *Kernbegriffe und Konzepte* wie zum Beispiel therapeutische Haltung und therapeutische Beziehung, Widerstand und Abwehr, Interventionsformen, Arbeitsbündnis, Übertragung und Gegenübertragung, Trauma, Mitgefühl und Achtsamkeit, Autonomie und Selbstbestimmung, Bindung.
- *Neuere und integrative Konzepte und Behandlungsansätze* wie zum Beispiel übertragungsfokussierte Psychotherapie, Schematherapie, Mentalisierungsbasierte Therapie, Traumatherapie, internet-

basierte Therapie, Psychotherapie und Pharmakotherapie, Verhaltenstherapie und psychodynamische Ansätze.
- *Störungsbezogene Behandlungsansätze* wie zum Beispiel Dissoziation und Traumatisierung, Persönlichkeitsstörungen, Essstörungen, Borderline-Störungen bei Männern, autistische Störungen, ADHS bei Frauen.
- *Lösungen für Problemsituationen in Behandlungen* wie zum Beispiel bei Beginn und Ende der Therapie, suizidalen Gefährdungen, Schweigen, Verweigern, Agieren, Therapieabbrüchen; Kunst als therapeutisches Medium, Symbolisierung und Kreativität, Umgang mit Grenzen.
- *Arbeitsfelder jenseits klassischer Settings* wie zum Beispiel Supervision, psychodynamische Beratung, Arbeit mit Flüchtlingen und Migranten, Psychotherapie im Alter, die Arbeit mit Angehörigen, Eltern, Gruppen, Eltern-Säuglings-Psychotherapie.
- *Berufsbild, Effektivität, Evaluation* wie zum Beispiel zentrale Wirkprinzipien psychodynamischer Therapie, psychotherapeutische Identität, Psychotherapieforschung.

Alle Themen werden von ausgewiesenen Expertinnen und Experten bearbeitet. Die Bände enthalten Fallbeispiele und konkrete Umsetzungen für psychodynamisches Arbeiten. Ziel ist es, auch jenseits des therapeutischen Schulendenkens psychodynamische Konzepte verstehbar zu machen, deren Wirkprinzipien und Praxisfelder aufzuzeigen und damit für alle Therapeutinnen und Therapeuten eine gemeinsame Verständnisgrundlage zu schaffen, die den Dialog befördern kann.

Franz Resch und Inge Seiffge-Krenke

Vorwort zum Band

Nachdem spirituelle Themen in der Psychotherapie viele Jahre tabuisiert wurden, markieren zahlreiche Veröffentlichungen der letzten Jahre einen bemerkenswerten Richtungswechsel. Die therapeutischen Möglichkeiten von spirituellen Ressourcen werden zunehmend diskutiert.

In diesem Rahmen ist das Buch von Luise Reddemann angesiedelt, das auf ihren umfangreichen Erfahrungen zur Arbeit mit traumatisierten Patienten und dem Zugang zur Spiritualität aufbaut und aus der Sicht von Therapeuten und Patienten argumentiert. Ihr Buch zu den Aspekten des Mitgefühls und der Achtsamkeit im therapeutischen Prozess bietet eine originelle Sicht auf psychodynamisches Arbeiten insbesondere mit seelisch traumatisierten Patientinnen und Patienten. Es stellt diese emotional getragenen Aspekte der Intersubjektivität ins Zentrum der Betrachtung.

Basierend auf einem historischen Rückblick auf Freuds paternalistische Strenge im Umgang mit seinen Patienten werden moderne Relativierungen vorgenommen, die – ohne die intellektuelle Schärfe der psychodynamischen Konzeption zu verwässern – der teilnehmenden Offenheit für Patienten das Wort reden: Achtsamkeit, Sorge und Haltefunktionen treten in den Vordergrund. Eine philosophische Fundierung des Mitgefühls in der Therapie gelingt überzeugend.

Schließlich werden über einen persönlichen Erfahrungszugang der Autorin Zusammenhänge zwischen der psychodynamischen Psychotherapie und der buddhistischen Vorstellungswelt aufgezeigt und neue kreative Interventionen daraus abgeleitet, die auch an Fallbeispielen illustriert werden. Die meditative Praxis kann neben der psychodynamischen Einsicht durch gezielte Übungen betroffene Patienten in ihrem Selbsterleben positiv beeinflussen. Den Abschluss bilden persönliche Überlegungen, die das Mitgefühl und die Achtsamkeit als Grundbedingung jedes therapeutischen Handelns fassbar werden lassen.

Inge Seiffge-Krenke und Franz Resch

Vorbemerkungen

Mitgefühl, das Hauptthema dieses Buches, war bis vor kurzem kein Begriff in Lehrbüchern der Psychotherapie. In letzter Zeit ist das Wort im öffentlichen Sprachgebrauch häufiger geworden: zum Beispiel Mitgefühl mit den Opfern von »Charlie Hebdo« und den neuerlichen Anschlägen des IS in Paris, Mitgefühl mit Flüchtlingen. Man findet entsprechende Gegenbewegungen, die Mitgefühl allenfalls für Menschen des eigenen Nahfeldes aufbringen wollen.

Der Begriff des Mitgefühls gehört im Bezugsrahmen psychodynamischer Ansätze in den Bereich der Relationalität oder der Intersubjektivität. Ein Leitgedanke mag der eines der Gründerväter der relationalen Psychoanalyse, Emmanuel Ghent, sein: »Bei der Persönlichkeitsentwicklung, bei der Entstehung von Psychopathologie und bei der psychoanalytischen Behandlung spielen menschliche Beziehungen in ihrer Besonderheit und Einzigartigkeit eine übergeordnete Rolle« (Ghent, 1992, S. XVIII, zitiert bei Aron u. Harris, 2006). Wie mag es sich auswirken, wenn diese menschlichen Beziehungen geprägt sind von Verachtung, Vernachlässigung, Gewalt, und was mag das für die psychodynamische Arbeit bedeuten? Diese Überlegungen waren Anlass für die Entwicklung von mitgefühlsbasierten Interventionen im Rahmen meines Konzeptes der »Psychodynamisch Imaginativen Traumatherapie«.

Anfang der 1980er Jahre, als ich meine psychoanalytische Ausbildung begann, war in Deutschland von Intersubjektivität und relationaler Psychoanalyse kaum die Rede. Da ich schon bald schwerpunktmäßig mit traumatisierten Menschen zu arbeiten begann, waren die damals verfügbaren psychoanalytischen Möglichkeiten sowohl in der

Theorie als auch in der Praxis sehr gering. Ich bin daher einen eigenen Weg gegangen, der von vielen psychoanalytischen Kollegen als »unanalytisch« bezeichnet wurde. Erst in den 2000er Jahren wuchs hierzulande auch das Interesse an den intersubjektiven Ansätzen und es wurde deutlicher, dass interpersonellen Traumatisierungen mit neuen Konzepten zu begegnen war (siehe z. B. das Doppelheft zu Trauma in der »Psyche« im Herbst 2000, herausgegeben von Werner Bohleber).

In der »Psychodynamisch Imaginativen Traumatherapie« bezieht sich das Imaginative auf die Fähigkeit, imaginativ einen Raum zwischen Therapeutin[1] und Patientin zu erschaffen, in dem tröstende Vorstellungen ihren Platz haben, die wiederum als Übergangsobjekte vom Patienten verwendet werden (können). Insbesondere die achtsame und mitfühlende Zuwendung der Patientin zu sich selbst, also zu Selbstanteilen (oder »ego states« nach Federn, 1953) aufgrund des modellhaften Verhaltens der achtsamen und mitfühlenden Zuwendung der Therapeutin, spielt in diesem Übergangsraum eine bedeutende Rolle. So sind Erinnern, Mitgefühl und Trost wesentliche Komponenten dieser Arbeit (Reddemann, 2001, 2012).

In diesem Band geht es nicht um Psychoanalyse als Therapie, jedoch um von der Psychoanalyse geprägte Grundhaltungen, die wiederum in psychodynamischen Therapien eine wesentliche Rolle spielen. Ich unternehme den Versuch, diese Grundhaltungen in Beziehung zu setzen zu manchen Konzepten, die nach meinem Verständnis implizit in psychodynamischen Psychotherapien mehr oder weniger schon immer Platz hatten.

Ich habe durch jahrzehntelange Meditationspraxis erfahren, dass Mitgefühl, wie es im Buddhismus gelehrt wird, meine therapeutische Arbeit inspiriert und bereichert. Vieles verdanke ich Sylvia Wetzel (z. B. Wetzel, 2015), von der ich seit über zwanzig Jahren lerne. Ich werde

---

[1] Aus Gründen der Vereinfachung wird meist die weibliche Form verwendet, nicht zuletzt, weil sehr viel mehr Therapeutinnen und Patientinnen therapeutisch miteinander arbeiten. Selbstverständlich sind Therapeuten und Patienten ebenfalls gemeint.

mich auf einige Kolleginnen und Kollegen beziehen, die in beiden Feldern zu Hause sind, und über meine Erfahrungen in der therapeutischen Arbeit berichten. Es ist in den letzten Jahren allein auf Deutsch eine kaum mehr übersehbare Zahl von Büchern zu Achtsamkeit – und mehr oder weniger auch zu Mitgefühl – in der Psychotherapie erschienen (z. B. Anderssen-Reuster, 2011; Germer et al., 2009; Reddemann, 2011; Harrer u. Weiss, 2015). Interessierte Psychotherapeuten können sich umfassend informieren. Zur Vertiefung empfehle ich die Lektüre von ausgewiesenen buddhistischen Lehrerinnen, Lehrern und dazu Forschenden (zur Einführung z. B. Gäng; 2002, Kolk, 2015).

Jerome Frank (1981) hat die Frage gestellt, ob Hoffnung ein Element jeder Psychotherapie sei. Ähnlich frage ich nach achtsamem Mitgefühl als einem Element jeder Psychotherapie. Mitgefühl wird hier verstanden als Einfühlung *und* der Wunsch, Hilfreiches oder sogar Heilsames zu bewirken. Heilung, Besserung oder Linderung von Beschwerden sind Ziele für jede Art von Krankenbehandlung; es handelt sich dabei nicht nur um einen Wunsch der Patienten an uns, sondern sogar um einen Anspruch, der sich aus unseren Gesetzen (Sozialgesetzbuch) ergibt. Nach meinem Kenntnis- und Erfahrungsstand ist bei schwer belasteten Menschen vollständige Heilung selten, Besserung häufiger und Linderung fast immer möglich.

Ähnlich wie Michael Eigen, einer der einflussreichsten zeitgenössischen amerikanischen Psychoanalytiker, es beschreibt, geht es mir nach 45 Jahren psychotherapeutischer Arbeit: »At the beginning I didn't know that therapy deals with unsolvable fracture. When I began practicing I thought it could be mended. Today I understand that it cannot. You can try to soften the rupture. Actually, I don't believe in therapy. Therapy is a path, a dedication, a search […] The word ›Treatment‹ is not right as well. Inappropriate. There are other words I like: ›to foster,‹ ›to encourage.‹ It's like taking a child for a walk, giving him a hand, bringing him candy, to hold her, take care of her. Not only like a therapist, but also like a parent« (Kaniel u. Eigen, 2013).

Im Folgenden wird implizite Praxis kursorisch beschrieben und der Frage nach einer expliziten Nutzung von mitgefühlsbasierten

Interventionen nachgegangen. Dazu beziehe ich mich auf mein psychodynamisches Konzept der Behandlung von traumatisierten Patienten. Schließlich will ich anhand eines Behandlungsbeispiels darstellen, wie ein Patient durch buddhistische Meditationspraxis und psychodynamische Traumatherapie gesundete, und der Frage nachgehen, ob es sinnvoll sein kann, Patienten zu einer Mitgefühlspraxis, wie sie seit Jahrtausenden im Buddhismus gelehrt wird, und neuerdings auch in säkularer Form (z. B. Germer, 2011), zu ermutigen. Es geht dabei um inzwischen von vielen akzeptierte Grundlagen intersubjektiven Verstehens und die Verbindung zu mitgefühlsbasierten Interventionen, inspiriert durch buddhistische Praxis.

Die Arbeit mit Sylvia Wetzel half mir zu erkennen, dass es in der therapeutischen Arbeit darum geht, Mitgefühl mit sich selbst *und* mit den Patientinnen zu entwickeln, und dass gerade aus diesem Mitgefühl für sich selbst Akzeptanz von Schwächen und Unzulänglichkeiten erwachsen kann, die wiederum den Patienten zugutekommt. Daher bemühe ich mich heute, mir selbst zuzubilligen, dass es ist nicht immer leicht ist, Mitgefühl zu entwickeln. Wenn sich eine Patientin über Mangel von Mitgefühl auf ihre Art beschwert, greife ich das auf und werde das später an einem Beispiel verdeutlichen.

Unter Zuhilfenahme einer achtsam mitfühlenden Betrachtung dessen, was in der therapeutischen Arbeit geschieht, bekommen Übertragungs- und Gegenübertragungsanalyse eine andere Qualität. Ich fühle mich weniger unter Druck, meine, genauer zu spüren, wo ich auch mit einer »richtigen« Intervention verletzend sein könnte oder es gewesen bin, und kann einerseits mit mir selbst freundlicher sein als früher, als mir Mitgefühl nicht bewusst zur Verfügung stand, und andererseits der Patientin wohlwollender begegnen.

Es ist wichtig hervorzuheben, dass Mitgefühl über *Empathie* hinausgeht, wobei die beiden Begriffe häufig synonym gebraucht werden. Empathie ist genau genommen Einfühlung und insoweit neutral. Sie kann sich in Richtung Ablehnung, ja sogar Hass entwickeln oder in Richtung Mitgefühl. Aus Einfühlung heraus lässt sich auch Verbrecherisches tun! Es ist interessant, dass im Altgriechischen das Wort

»Empathie« ausschließlich eine negative Bedeutung hatte, nämlich Vorurteil oder sogar Gehässigkeit (Weber, 2013, S. 247).

Mitgefühl setzt Einfühlung voraus und reicht darüber hinaus durch die mitfühlende Absicht, Heilsames zu bewirken. Mitgefühl verlangt nach Handlung. Im Kontext der Psychotherapie bezieht sich dies auf unsere Interventionspraxis, was wir sagen und wie wir es sagen (vgl. dazu Körner, 2016).

Zunächst werde ich auf historische Bezüge eingehen, die zeigen, dass Mitgefühl in der Psychoanalyse an deren Beginn gar nicht vorhanden zu sein scheint, aber später immer mehr bei Autoren unterschiedlicher psychoanalytischer Richtungen an Bedeutung gewann – selbst wenn Mitgefühl nicht explizit benannt wurde. Danach möchte ich einige kursorische Überlegungen zu Mitgefühl im Hinblick auf zeitgenössische Philosophen anstellen, die in diesem Kontext wichtig sind. Im weiteren Verlauf versuche ich auf mehrere Arten, Mitgefühl mit psychodynamischen Konzepten zu verbinden, einige Verbindungen zwischen Achtsamkeit und Psychodynamik herzustellen und nach der Identität als psychodynamische Psychotherapeutin in diesem Kontext zu fragen. Am Schluss wende ich mich mit Hilfe eines klinischen Beispiels der expliziten Verbindung von mitgefühlsgetragener psychodynamischer Arbeit und Meditationspraxis zu.

1 Historischer Bezug und aktuelle Haltungen

Zu Zeiten, als Freud'sche Strenge die Psychoanalyse dominierte, nannte Sándor Ferenczi (1920) es sein wichtigstes Ziel, den Patienten nicht zu traumatisieren und eine Atmosphäre von Natürlichkeit und Aufrichtigkeit herzustellen; 1933 hat er dann den Versuch unternommen, Nachbeelterung zu ermöglichen, war damit aber gescheitert. Mitgefühl scheint hier mitzuschwingen, es wird jedoch nicht explizit genannt.

In der Philosophie spielte Mitgefühl zu Ferenczis Zeit eine Rolle: »In Deutschland beginnt eine ›Renaissance des Mitgefühls‹ zu Beginn des 20. Jahrhunderts. Max Scheler und Theodor Lipps unterscheiden dabei das Mitgefühl dezidiert von anderen Phänomenen wie der ›Gefühlsansteckung‹ und dem ›rein äußerlichen Nacherleben‹ andererseits« (Weber, 2013, S. 248)[2]. Ob Ferenczi von Scheler und Lipps gewusst hat, ob also eine frühe Verbindung von Philosophie und Psychoanalyse diesbezüglich bestand, wäre interessant zu wissen.

Freud rang um Verstehen, jedoch verhinderten einige Parameter der psychoanalytischen Situation, wie sie damals verstanden wurde, wie zum Beispiel die Spiegelmetapher, die Abstinenz, die Grundregel und das Deuten, eher Mitgefühl. Johannes Cremerius (1984) hat allerdings anhand von Berichten einiger Patienten von Freud dann zeigen können, dass Freud als Behandler sehr zugewandt war und sich – aus heutiger Sicht – mitfühlend verhielt. Es gibt also einen großen Widerspruch zwischen den technischen Empfehlungen Freuds und seinem Verhalten als Therapeut.

---

2   Weber verweist auf M. Scheler, Wesen und Formen der Sympathie, 1913, sowie Th. Lipps, Vom Fühlen, Wollen und Denken, 1902.

Wohl nicht ohne Grund hat Ferenczi darauf hingewiesen, dass sich durch die »Hypokrisie des Analytikers«, wie er es nennt, also durch dessen Unaufrichtigkeit, für den Patienten die traumatisierende Erfahrung wiederholen könne. Fast scheint es, als hätte er die oben zitierte Aussage von Ghent vorweggenommen.

Psychoanalytiker wie Ferenczi, später Paul Federn und Erich Fromm wurden regelrecht diskriminiert. Distanz war erwünscht, ja gefordert, und wurde als therapeutisches Prinzip angesehen. Jahrzehnte später haben Therapeuten unter anderem durch die Begegnung mit traumatisierten Patienten und andere durch ihre Begegnung mit dem Buddhismus erkannt, dass hier eine andere Haltung notwendig ist. Besonders in der Behandlung von traumatisierten Patienten ergibt sich die Notwendigkeit von neuen reparativen Beziehungserfahrungen ebenso wie in der Selbstbeziehung. Erfahrungen, die heute mit »rupture and repair« beschrieben werden (Safran u. Muran, 2000), also Fehleinstimmungen – wie sie in jeder engen Beziehung vorkommen können –, können nun aus Mitgefühl heraus verstanden und korrigiert bzw. »repariert« werden (Holmes, 2012). Ohne Mitgefühl besteht die Gefahr von rechthaberischer Deutungsarbeit, durch die sich Patientinnen und Patienten verletzt fühlen.

Auf wieder andere Art hinterfragte Erich Fromm die Freud'sche Neutralität in Bezug auf Ethik und stellte 1946 in seiner Schrift »Man for himself« fest, dass Probleme der Ethik bei der Erforschung der Persönlichkeit nicht ausgeschlossen werden dürfen. Er begründete das damit, dass Werturteile unsere Handlungen bestimmen: »Von ihrer Gültigkeit hängen Glück und seelische Gesundheit ab« (Fromm, 1946/2014, S. 9). Fromm hat sich nicht zuletzt deshalb mit Psychoanalyse und Zen-Buddhismus beschäftigt, weil ihm die Psychoanalyse ergänzungsbedürftig erschien (Fromm, de Martino u. Suzuki, 1972). Er weist darauf hin, dass eine Heilung der Persönlichkeit ohne Beachtung ethischer Themen nicht möglich sei. Psychotherapeuten sind bei der Behandlung von (schweren) interpersonellen Traumatisierungen besonders gefordert, möglicherweise nicht zuletzt in Bezug auf ihre ethischen Grundüberzeugungen, und dazu gehört auch Mitgefühl.

Siebzig Jahre nach Ferenczi greift Helmut Thomä (2000) dessen Überlegungen auf und sorgt sich, dass bestimmte Deutungen Patienten kränken oder beschämen könnten. Thomä und Kächele (1985) bezeichnen denn auch das reine Zurückspiegeln von Fragen als schädlich, weil »der Patient dies als Abweisung erleben könne«. Aus all dem können sich Aggressionen auf Seiten des Patienten entwickeln, die nicht der Übertragung im klassischen Sinn, sondern der »Übertragungsbeziehung« geschuldet sind. »In Wirklichkeit beeinflusst der Psychoanalytiker als teilnehmender und die wahrgenommenen Phänomene interpretierender Beobachter die Übertragung und speziell die ›Übertragungsneurose‹ in höchstem Maße« (Thomä, 1984, S. 39).

Eine andere Relativierung von bis dahin gültigen Vorstellungen nahm Joseph Weiss (1993) vor. Er hielt die Grundregel, das heißt die Aufforderung, dass der Patient alles mitteilen solle, was ihm durch den Kopf geht, der Analytiker jedoch darauf nicht mit einer ebensolchen »Offenheit« reagiert, sondern sich abstinent verhält, insbesondere für traumatisierte Patienten für hochproblematisch. Weiss stellt in seinem Buch eine ganze Reihe von Fällen traumatisierter Patientinnen dar und gerade aus deren Sicht ist Sicherheit von großer Bedeutung. Die Grundregel sei also so lange in Frage zu stellen, wie Patienten sich in der Analyse nicht sicher fühlen.

Weiss entwickelte gemeinsam mit Harold Sampson und Kollegen von der Mount Zion Group die »control mastery theory«. Der Name bezieht sich auf eine Betonung unbewusster adaptiver mentaler Prozesse und das unbewusste Anliegen des Patienten, Meisterschaft im Umgang mit seinen Haltungen und seinem Verhalten zu erlangen. Weiss betont, dass schon das ganz kleine Kind zu realistischen Einschätzungen gelange – natürlich auf der Basis seiner entwicklungsbedingten Möglichkeiten –, wie es so sicher wie möglich mit Eltern und Geschwistern umgehen könne. In seinem Buch »How psychotherapy works: Technique and process: Process and technique« wird Weiss nicht müde, die Notwendigkeit von Sicherheit zu betonen, und erklärt, warum die Grundregel nicht geeignet ist, Sicherheit herzustellen, sondern eher den Patienten verunsichert. Aus jedem von Weiss' Worten spricht engagiertes Mitgefühl, denn es braucht Mitgefühl, um Patienten zuzubilligen, wie wichtig Sicherheit für sie ist. Mit unserem heutigen Wissen über Bindung wird noch deutlicher, dass wir uns mit frühgestörten und traumatisierten Patienten um Sicherheitserleben in der therapeutischen Beziehung bemühen sollten, ja müssen, was ohne mitfühlende Haltung schwer möglich sein dürfte. Weiss betont, dass Patienten gesunden wollen und dass sogar ihre pathologischen Überzeugungen der Gesundheit dienen sollen, die unter gegebenen – traumatischen – Bedingungen nicht anders zu erlangen war. Es mag einleuchten, und Weiss macht das deutlich, dass aus Gründen der Sicherheit viele Patienten sich deshalb nicht an die Grundregel halten können: Die Regel selbst verunsichert sie, und umso mehr, wenn sie sich mit dem Analytiker nicht sicher fühlen.[3] Weiss vertritt mit seiner Hypothese, dass Patienten gesunden wollen, eine salutogenetische Grundhaltung. Hier zeichnet sich ein Menschenbild ab, das ähnlich auch im Buddhismus zu finden ist, wo den Menschen ein »heiler Kern«, was Buddha-Natur genannt wird, zugeschrieben wird. Weiss' Fallgeschichten zu lesen, mit denen er seine Theorie erhärtet, sind Lektionen in achtsamem Mitgefühl, obwohl Weiss das Wort »compassion« an keiner Stelle verwendet.

Etwa zu der Zeit der Forschungen der Mount Zion Group gab es andere Psychoanalytiker wie Mitchell, Ghent und andere, die sich explizit mit intersubjektiven und relationalen Themen zu beschäftigen begannen. Jetzt kann gesagt werden, dass »Intersubjektivität auf zwischenmenschliche Bezogenheit als Fundament der Conditio humana« verweist (Altmeyer u. Thomä, 2006, S. 5). Als relationale Themen werden genannt: Die Funktion des Haltens und Gehaltenwerdens, das Verhandeln mit sich selbst und zwischen verschiedenen Teilen des Selbst, Fragen der emotionalen Beteiligung des Analytikers: Sollen wir uns Patienten gegenüber bloß »mindful« (achtsam) oder auch »minded« (»sorgend«) zeigen? Aron und Harris (2006, S. 118),

---

[3] Es ist interessant, dass Weiss auf mehrere späte Arbeiten von Freud verweist, in denen diese Ideen bereits anklangen. Allerdings sind die diesbezüglichen Bemerkungen verstreut und in anderen Kontexten erwähnt.

die diese Themen nennen, verweisen ausdrücklich auf den Gewinn durch die Bindungstheorie.

Parallel zu diesen Entwicklungen wuchs Anfang der 2000er Jahre in Deutschland das Interesse daran, komplex traumatisierte Menschen angemessen zu behandeln, und etwa gleichzeitig rückte zunächst Achtsamkeit in den Mittelpunkt, später auch Mitgefühl, teils mit dem Ziel, eine *explizite* Praxis des Mitgefühls in die Psychotherapie zu integrieren.

Das Zurückschrecken vor Themen, die noch bis vor kurzem ganz den Religionen zugehörig schienen, ist inzwischen der Erkenntnis gewichen, dass sie im Bereich der Psychologie und Psychotherapie wissenschaftlich begründet einen Platz bekommen sollten, in Deutschland insbesondere durch die Forschungen von Tanja Singer und ihrer Arbeitsgruppe.[4]

Wohl die meisten Kolleginnen werden nicht bestreiten, dass es gewisse Formen von Achtsamkeit und Mitgefühl als *implizites Prinzip* in den meisten psychotherapeutischen Schulen schon immer gab und gibt, wenn auch nicht unbedingt im buddhistischen Sinn. Heute werden viele Michael Buchholz zustimmen, wenn er sagt, dass Menschen durch »menschlichen Bezug und Verstehen in der Bezogenheit aus ihren affektiven Erfrierungen gelöst werden können« (Buchholz, 2003, S. 7 ff.). Es geht insoweit um das Verhältnis einer Therapeutin, die nicht mehr kühle Beobachterin sein kann – und möchte –, zu ihren Patientinnen. Es geht um den Analytiker, der nicht mehr Deutungsautorität beanspruchen kann – und möchte –, sondern auf anderen Wegen ein bedeutsamer Anderer werden möchte, nämlich durch Berücksichtigung des Intersubjektiven oder des Relationalen. Bis heute gibt es auch noch in manchen professionellen Kontexten eine von Traditionen geprägte Kultur der »Versagung« anstatt der Anerkennung der Bedürfnisse der Patientinnen nach mitfühlendem Beantwortetwerden. Diese Zusammenhänge hat Michael Ermann (2014) in seinem Buch »Der Andere in der Psychoanalyse. Die intersubjektive Wende« genauer analysiert.

---

4 Dazu verweise ich auf die Darstellung ihrer Forschungsergebnisse, die im Internet frei zugänglich sind unter www.compassion-training.org/?lang=de

2 Einige Aspekte von Mitgefühl in der zeitgenössischen Philosophie

Im Folgenden werden die Ansätze von einigen Philosophen dargestellt, die mich besonders inspiriert haben, die Möglichkeiten und die Sinnhaftigkeit von Mitgefühl auszuloten. Zunächst ist auf Emmanuel Levinas und seine »Sorge für den Anderen« hinzuweisen. Das Denken von Levinas hat mich im Kontext von Überlegungen zum Thema Würde beeindruckt (Reddemann, 2008). Ich gehe davon aus, dass der *Respekt vor der Würde des Anderen* auf Mitgefühl gründet. Levinas' Philosophie ist tief geprägt von den katastrophalen Erfahrungen der Shoa. Es ging ihm vor allem um Verantwortung dem Andern gegenüber. Er schreibt: »Die Sorge für den Anderen siegt über die Sorge um sich selbst« (Levinas, 2006, S. 173). Unsere Menschlichkeit besteht darin, dass wir den Vorrang des Anderen anerkennen können. »Die Sprache wendet sich immer dem Anderen zu, so als ob man gar nicht denken könnte, ohne sich bereits um den Anderen zu sorgen« (Levinas, 2006, S. 173, zitiert bei Engler, 2006). Dieser Satz beschreibt für mich nicht zuletzt eine alltägliche Erfahrung in der Psychotherapie.

Matthias Gottschlich bezieht sich in seinem wichtigen Buch »Medizin und Mitgefühl« auf Levinas und stellt fest: »Für Levinas ist nicht die Wiederentdeckung des Ich im Du im Sinn der Buber'schen ›Dialog-Ethik‹ maßgeblich, sondern bereits – gleichsam eine Stufe vorgeschaltet – die sich im ›Antlitz‹ des anderen manifestierende Ursprünglichkeit der Begegnung« (Gottschlich, 2007, S. 122).

Levinas macht für mich in vielen seiner Schriften deutlich, dass der Ruf des Anderen im psychotherapeutischen Kontext dessen Leiden ist, das nach Mitgefühl ruft.

Martin Dornberg, Arzt für Psychosomatische Medizin und Philosoph, nennt Bereiche, die bei Levinas thematisiert werden und die in der Psychotherapie von Bedeutung sein können: Entblößung, Preisgabe seiner selbst, Verwundbarkeit, Zerbrechen der Innerlichkeit, Verstrickung, Nach-außen-gekehrt-Werden, Altern, Atemlosigkeit, Verpflichtung, Ausgesetztsein, Vorladung, Geiselsein, Wahnsinn, Schmerz, Aussetzung des Selbst und nicht zuletzt Opfersein und Traumatisiertwerden (Dornberg, 2008).

Dornberg betont, dass die Frage nach Gewaltförmigkeit für jeden psychosomatisch-psychotherapeutischen Forscher und in jeder therapeutischen Beziehung besteht, und fragt im Sinne von Levinas: »Ordne ich den Anderen in meine üblichen Denk-, Fühl-, Verhaltens- und Interaktionsmuster ein? In die gewohnten Muster von Zeit und Vorstellung, oder lasse ich mich radikal hineinziehen in das Feld radikaler Ausgesetztheit und Bezogenheit, das jede Form von Erinnerung und Bezugnahme infrage stellt und mich dem Patienten und seinen (unseren) Erfahrungen bzw. der Begegnung mit ihm radikal ›ausliefert‹, bis hin zum ›physischen Schmerz‹«? (2008, S. 199). Bei Autoren der intersubjektiven und relationalen Richtungen finden sich ähnliche Fragen.

Auch Richard Rorty, der im Gegensatz zu Levinas das Spielerische liebte, bietet einen interessanten Ansatz. Er lehnt es ab, Wissen »über die Natur des Menschen« zur Grundlage von moralphilosophischen Überlegungen zu machen. Viele seiner Gedanken kontrastieren den klassischen Vernunftbegriff mit Mitgefühl, auch betont er, dass sich Vernunft aus Mitgefühl entwickelt. Jürgen Habermas (2010) schrieb zum Tod von Rorty: »Dem Ironiker Rorty ist nichts heilig. Nach etwas ›Heiligem‹ gefragt, antwortet der strikte Atheist am Ende seines Lebens mit Sätzen, die an den jungen Hegel erinnern: ›Der Sinn für Heiliges hat mit meiner Hoffnung zu tun, dass meine entfernten Nachkommen in einer globalen Zivilisation leben werden, worin Liebe so ziemlich das einzige Gesetz ist.‹«

Levinas und Rorty erscheinen auf den ersten Blick gegensätzlich, dennoch ringen beide um Menschlichkeit aus sehr unterschiedlichen

Perspektiven. Leidvolle Erfahrungen, wie Levinas sie unter den Nationalsozialisten durchmachen musste, hat Rorty nicht gekannt. Beiden geht es um die Würde, die sich bei Levinas vor allem durch die Begegnung mit dem Antlitz des Anderen und die absolute Hingabe an dieses Antlitz zeigt, bei Rorty sollen Respekt und Würde durch Mitgefühl und das Sicheinlassen auf traurige Geschichten erreicht werden. Deshalb empfiehlt er die Künste, vor allem Literatur. Rorty meint, dass Menschen, wenn sie sich mit Geschichten von leidenden Menschen beschäftigen, weniger in Versuchung geraten, diejenigen, die sich von ihnen selbst unterscheiden, wie Untermenschen zu behandeln (Rorty, 2000, S. 244 ff.). Auch dies ist eine nachdenkenswerte Perspektive von Mitgefühl.

3 Mitfühlende psychodynamische Psychotherapie

Mitgefühl scheint eine Antwort auf Leiden zu sein, die sich in vielen Kulturen finden lässt. Nach meiner Kenntnis sind die buddhistischen Erfahrungen und praktischen Empfehlungen dazu besonders tauglich für die psychotherapeutische Arbeit. Bevor ich hierauf zu sprechen komme, will ich auf psychoanalytische Überlegungen und einige weitere mir hilfreich erscheinende Konzepte eingehen.

3.1 Die intersubjektive Sicht

In der Sichtweise einer der Hauptvertreterinnen der intersubjektiven Richtung, Donna M. Orange (2006), bedeutet Mitgefühl *Respekt vor dem Leiden der Patientin*. Mitgefühl sei weder Interpretation noch Fürsorge und doch beides, begleite die Andere und betone implizit die Würde der Anderen. Der Respekt vor dem Leiden der Anderen drückt sich dann nicht nur in Empathie, also Einfühlung, aus, sondern auch in dem weitergehenden Wunsch, Heilsames – mittels Fürsorge und Mitgefühl – zu bewirken. Orange geht davon aus, dass Mitgefühl durch *Berücksichtigung von Komplexität* Reduktionismus untergraben kann und dass es uns in der klinischen Arbeit darin unterstützt, uns toleranter gegenüber Fehlern – eigener und denen von Patientinnen – zu verhalten, aber auch *achtsamer* gegenüber kleinen Missstimmigkeiten in der therapeutischen Beziehung zu werden. Darüber hinaus kann Mitgefühl den Dialog mit der Patientin und den Respekt vor ihrem Leiden unterstützen. Es ist mit Orange davon auszugehen, dass sich Mitgefühl insbesondere als ein Teil von gut aufeinander abgestimmten Beziehungen zeigt. Mitgefühl kann als etwas erlebt werden, das die Andere begleitet und implizit den Wert der Anderen bestätigt (Orange, 2006).

Mitgefühl gehört unhintergehbar zum Ausdruck zwischenmenschlicher Bezogenheit, und es kann aus meiner Sicht eine tragende Säule in der Arbeit mit traumatisierten Menschen sein und sollte somit in psychodynamischen Therapien einen Platz haben. Es zeigt sich, dass Patienten durch die Erfahrung des fürsorglich-engagierten Umgangs des Therapeuten mit ihnen lernen können, mit sich selbst liebevoll mitfühlend, fürsorglich zu werden. Wenn man Patienten dazu einlädt, auf der Basis der haltgebenden therapeutischen Beziehung zu lernen, dies imaginativ mit sich selbst zu tun, sind die Gefahren des Nachbeelterns durch den Therapeuten geringer, möglicherweise sogar aufgehoben. Einige meiner Patientinnen sind von selbst auf diesen Gedanken gekommen und haben mir davon berichtet.

Donna M. Orange (2006) empfiehlt für eine psychoanalytisch-psychodynamische Theoriebildung eine Orientierung an System, Kontext und Komplexität. Unter System kann man die Patientin als ein Ganzes mit verschiedenen Teilen verstehen, die sehr unterschiedliche Herausforderungen an die Therapeutin stellen können, so dass sich die Frage stellt: »Wer spricht mit mir?« Diese Frage mag sich innerhalb der therapeutischen Beziehung sowohl die Therapeutin wie die Patientin stellen. Eine klinische Vignette soll dies verdeutlichen:

Eine Patientin berichtet von massiven Ängsten, die zunächst weder von der Patientin noch von der Therapeutin verstanden werden. Ich sehe mich selbst während der Schilderung der Patientin als etwa Vierjährige, die in einen dunklen Raum eingesperrt und in heller Panik ist. Zunächst empfinde ich mit dem Kind, das ich war, Mitgefühl, um dann die Patientin zu fragen, ob es sein könne, dass ihre Angst mit einem kindlichen Teil von ihr zu tun habe, und erzähle, dass ich gerade ein Bild von einem kleinen Mädchen in Angst und Panik gehabt habe. Die Patientin antwortet mit Erstaunen, ja klar, als Kind habe sie sehr viel Angst gehabt. Wenn sie nicht brav gewesen sei, sei sie immer in einen dunklen Keller eingesperrt worden. Und es wird ihr deutlich, dass sie sich in letzter Zeit oft »wie eingesperrt« in ihrem Leben gefühlt habe. Darüber war bereits gesprochen worden, ohne dass die Angst zur Sprache gebracht worden war. Die weitere Analyse ergab, dass die Patientin in sich häufiger eine Stimme hörte, die ähnlich klang wie die der Mutter, sie solle sich nicht so anstellen. Sie hatte das dann noch ausgeweitet, indem sie sich sagte, schließlich hätten genug Leute gar keine Arbeit und sie solle froh sein, eine zu haben.

Ich hatte immer wieder Mühe gehabt, für die Selbstanklagen der Patientin Geduld aufzubringen, und hatte mich damit zufrieden gegeben, das als Gegenübertragungsreaktion zu analysieren. Diesmal empfinde ich tiefes Mitgefühl für das Kind in der Patientin, das sich so sehr bemüht hatte, es der Mutter recht zu machen, nicht zuletzt aus Angst, wieder mit dem dunklen Keller bestraft zu werden. Ich kann auf eine viel tiefere Art als zuvor die Not des Kindes und der Patientin verstehen und spreche mit ihr darüber, wie sehr die kindliche Angst dazu geführt habe, die Mutter durch Leistung überzeugen zu wollen, und wie sehr dieser kindliche Teil jetzt Mitgefühl benötige. Die Patientin reagiert mit einem »da muss ich die Kleine ja in den Arm nehmen und trösten«, sie habe bisher nicht geahnt, wie sehr sie damals als Kind unter der Strenge der Eltern gelitten habe, bis jetzt sei sie immer nur wütend gewesen. Im Weiteren wird ihr klarer, dass sie ja gerade in letzter Zeit, wo sie in der Firma sehr gefordert gewesen sei, sofort die »Strengestrategie« der Mutter gegen sich gerichtet habe, ohne sich zu schonen. Und dass sie wütend gewesen sei, wenn zum Beispiel ihr Mann gemeint habe, sie solle sich doch ein wenig schonen, weil sie wisse, er habe Recht, aber sie fühle sich nicht verstanden. Sie habe nur sauer reagieren können.

Ich mache mir bewusst, dass ich mich bisher nicht mitfühlend auf die Patientin einlassen konnte, weil ich durch ihre Erzählung eine Art Ungeschütztsein meines kindlichen Ichs erlebt habe, und dass ich mich diesem kindlichen Teil bisher nicht zugewendet hatte, auch wenn ich von ihm wusste, weil mich seine Gefühle ängstigten. So frage ich, ob die Patientin befürchtet habe, ganz im Schmerz der kindlichen Ichs zu versinken. Das leuchtet der Patientin ein: »Ja, ich hätte mich sehr schwach gefühlt.« Schließlich meint sie: »Und ich denke auch immer, dass Sie denken, ich müsste mich mehr anstrengen, ich weiß ja, wie viel Sie arbeiten.« »Das denke ich nicht, dass Sie sich mehr anstrengen sollten, aber es fällt mir manchmal nicht leicht, geduldig zu sein. Für diese Ungeduld sind Sie manchmal der Auslöser, aber sie hat mit mir zu tun.« »Dann spüre ich das richtig?« »Ja, meine Ungeduld spüren Sie richtig.« Im Verlauf weiterer Sitzungen konnte das Thema meiner Ungeduld und der Ängste der Patientin häufiger aufgegriffen werden, um damit die vielfältigen Facetten des Themas, durch Leistung geliebt werden zu wollen, zu vertiefen.

Die Patientin war auf Anraten ihrer Meditationslehrerin in Therapie gekommen, da sie häufig erschöpft war und sich selten Ruhe gönnte. Sie hatte auch buddhistische Mitgefühlsübungen erlernt, von denen sie sagte, sie täten ihr in dem Moment, wo sie sie mache, »wirklich gut«. Aber der Effekt verschwinde dann immer schnell. Nach der Entdeckung des verängstigten kindlichen Teils, den sie in der Vorstellung liebevoll umarmte und versorgte, konnte sie beginnen, mit mehr Mitgefühl im Alltag auf sich selbst zu blicken und ihre Hyperaktivität zu hinterfragen. Jetzt hatte Mitgefühl für sie plötzlich eine tiefe und sinnstiftende Bedeutung, mit sich selbst freundlich zu sein, so dass sie die buddhistische Übung der »Liebenden Güte« als »ganz und gar für sich passend« empfinden und sie auch auf ihre kindlichen Ichs anwenden konnte.

3.2 Ego-State-orientierte Sicht und Verbundenheit mit sich selbst

Die Hypothese, dass verschiedene Selbstanteile mit dem »Ich von heute« und mit dem Therapeuten sprechen, geht auf C. G. Jung (1911) und Paul Federn (1953) zurück und hat sich inzwischen unter dem

Label »Ego-State-Therapie« klinisch durchgesetzt.[5] In der Behandlung ist die Therapeutin gefordert, verschiedene Ebenen der intersubjektiven Begegnung zu berücksichtigen: die Patientin mit sich selbst als Erwachsene und ihren Ego States, die Therapeutin ebenso, sowie die Begegnung der Therapeutin mit der Patientin und deren »innerem System«, also den Ego States der Patientin in verschiedenen Lebensaltern und Entwicklungsstufen, sowie Bindungserfordernissen vom Baby bis zur Erwachsenen. Auch hier gilt, dass eine mitfühlende Zuwendung zur Patientin leichter gelingt, wenn die Therapeutin sich in Mitgefühl mit sich selbst übt.

Wenn wir in psychodynamischen Konzepten inzwischen besonderen Wert auf ein Verständnis von Beziehungen und Beziehungsgestaltung legen, so liegt es nahe, auch die Beziehung zum eigenen Selbst zu betrachten. Das sehr früh an Beziehung orientierte Konzept C. G. Jungs (1911) der Komplexe sowie das von Paul Federn weitergedachte Konzept der Ego States eröffnen neue Möglichkeiten des Verstehens, der Selbstfürsorge und Gefühle der Verbundenheit mit sich selbst. Hier geht es um ein Konzept der *Selbstbegegnung* aus einer Sicht »multipler« Selbste oder von Teilen, denen sich das erwachsene Ich zuwenden kann.

Zu dem, was Menschen bewegt, sich selbst und anderen zu begegnen, gehört auch die Erkenntnis einer Zugehörigkeit, die uns mit dem Anderen verbindet und die uns »mitbetroffen« sein lässt (Gadamer, 1975). Es ist hilfreich und bedeutsam, wenn es Patienten gelingt, sich einerseits mit sich selbst und allem, was zu ihnen gehört, verbunden zu fühlen und andererseits gleichermaßen mit anderen und der Welt und anzuerkennen, dass ein Existieren nur aus sich selbst heraus eine Hybris ist.

---

5 Zur analytischen Psychotherapie nach Jung gehört immer die Arbeit an Komplexen. Es gibt Gemeinsamkeiten und Unterschiede zur Ego-State-Therapie, die inzwischen teilweise so stark von der Verhaltenstherapie beeinflusst ist, dass keinerlei Bezüge zu psychodynamischen Konzepten erkennbar sind. Ich spreche daher, was meine Arbeit angeht, von »Ego-State-orientierter Arbeit«.

3.3 Mitgefühl und Verbundenheit

Verbundenheit – in einer Dyade! – hat durch die intersubjektiven Ansätze jetzt in der Psychoanalyse einen sicheren Platz gefunden. Hierzu fällt mir Rose Ausländers Gedicht »Wachsen dürfen« ein. Hier bittet sie die Erde, »uns aufzunehmen in Gärten, wo wir wachsen dürfen. Brüderlich Mensch an Mensch« (Ausländer, 1984, S. 103). Wenn ich Ausländers traumatische Geschichte bedenke, werden in diesem Gedicht Verbundenheit und Hoffnung sehr deutlich. Mitgefühl ist ein Subtext des Gedichtes, denn sie hat es Jahrzehnte nach Kriegsende in Deutschland geschrieben, trotz allen Leids, das ihr von deutschen Menschen angetan wurde. Ich sehe hier auch eine Verbindung zu Levinas. Beide, Ausländer und Levinas, waren Verfolgte der Nationalsozialisten und sind für mich Vorbilder in Mitgefühl.

Nach Fromm (Fromm et al., 1972) unterscheidet sich der westliche Mensch vom östlich erlebenden Menschen dadurch, dass er sich als Selbst erfahren will, als separierte Entität, als »Ich«, als Individuum. Andererseits hängt Fromm zufolge seelisches Wohlgefühl damit zusammen, dass wir uns ganz verbunden fühlen können, sowohl mit Menschen wie mit der Natur, um das Erleben von Getrenntheit auszugleichen. Auch in der westlichen Mystik gibt es Aussagen über Verbundenheit, die über dyadische Erfahrungen hinausgehen.

Mitgefühl scheint manchmal »wie von selbst« erfahrbar zu werden, wenn ich die Patientin und mich als Teil von etwas, das größer ist als wir beide – ohne dass ich dafür einen Namen hätte –, erleben kann.

4 Mitgefühl und phronesis

Bruce E. Wampold (2010), aktuell einer der bekanntesten Psychotherapieforscher, empfiehlt Psychotherapeuten, ihre Zeit dafür zu nutzen, gute Psychotherapeuten zu sein, statt über die relativen Vorzüge verschiedenster Theorien zu streiten. Insoweit erscheint es angebracht, dass Therapeuten herausfinden, was zu ihnen passt, worauf sie Resonanz verspüren, denn genau dadurch werden sie hilfreicher.

Für mich gehörte dazu eine Art des Arbeitens, in der mitgefühlsorientierte Interventionen breiten Raum einnahmen. Ich habe lange gezögert, über meine Meditationspraxis offen zu sprechen. Dies hatte mit Grundannahmen seit meiner psychoanalytischen Ausbildung zu tun, denen ich mich verpflichtet fühlte, nämlich Neutralität und Abstinenz. So gab es die meditierende Privatperson und die um Neutralität bemühte Therapeutin. Hierzu Orange, Atwood und Stolorow: »»Seinen deutlichsten und zugleich schädlichsten Ausdruck findet der auf objektivistischen Konzeptionen der Psychoanalyse beruhende technische Rationalismus vermutlich in dem Gebot der analytischen Neutralität« (Orange et al., 2001, S. 55). Schon Kohut (1977) hat ja vermutet, dass es weniger die Psychopathologie des Patienten sei als die konsequente Abstinenz des Psychoanalytikers, die Feindseligkeit des Patienten evozierte. Gleiches schien mir auch für psychodynamische Therapien zu gelten, insbesondere in der Arbeit mit traumatisierten Patientinnen. Vor allem in stationären Kontexten fühlten sich Patientinnen durch zahllose Regeln derart eingeengt, dass sie auf die eine oder andere Art »um sich schlugen«, real oder im übertragenen Sinn, und noch in den 1990er Jahren wurde zu wenig reflektiert, inwieweit das Verhalten der Behandler und deren Vorgaben zur Wut der Patienten beitrugen.

»Working intersubjectively«, wie es Orange, Atwood und Stolorow (2001) umrissen haben, bedeutete, dem jeweiligen Patienten, der jeweiligen Patientin ohne technische Brille zu begegnen. Orange et al. beziehen sich dabei auf das Konzept der »phronesis« nach Aristoteles (Orange et al., 2001, S. 42–45). Phronesis wird als eine sozial relevante Form des Wissens beschrieben und mit praktischer Weisheit oder praktischer Klugheit übersetzt. Sie wurde von Aristoteles als die wichtigste der geistigen Tugenden angesehen, neben technischen Fertigkeiten (techné), wissenschaftlichem Wissen (epistemé), der theoretischen Weisheit der Philosophie (sophia) und der intuitiven Vernunft (nous). Aristoteles sah phronesis als notwendig an, um mit epistemé und techné umzugehen. Ich meine, dass techné und epistemé derzeit in der Psychotherapie hoch im Kurs stehen, während phronesis manchmal geradezu verpönt scheint. Phronesis bedeutet die Fähigkeit, in einer spezifischen Situation eine weise Entscheidung zu treffen.

Für die Psychotherapie ist die Idee des »klugen Handelns« als immer wieder neu zu treffende Entscheidung für Interventionen, natürlich auch auf der Basis des verfügbaren Wissens und verfügbarer Wissenschaft, eine Notwendigkeit. Phronesis kann als Wegweiser für eine Psychotherapie nützlich sein, in der immer wieder Entscheidungen gefordert sind, was das Beste für die Patientin im jeweiligen Moment ist. In der psychodynamischen Psychotherapie mag das auch für die Frage gelten, wie man – und ob man – gewillt und in der Lage ist, Freundlichkeit, Mitgefühl, offenes Gewahrsein und Wohlwollen in der psychotherapeutischen Situation sich entfalten zu lassen.

Phronesis bezieht sich also auf ein Wissen, das der jeweiligen Situation gerecht wird und natürlich dem jeweiligen Anderen, auf der Basis einer besonnenen und von Erfahrung getragenen Haltung. Phronesis als praktisches Wissen unterstützt uns in einem gegebenen Moment dabei, dem zu folgen, was im jeweiligen Moment an Besonderem erforderlich ist, unabhängig davon, was die Regeln vorschreiben (Svenäus, 2003).

5 Mitgefühl und Hoffnung

Fabrizio Benedetti (2011) hat gezeigt, dass ärztliches Mitgefühl die Voraussetzung für Hoffnung der Patienten ist. Eine Arbeitsgruppe um Hobfoll (2007) weist für die Begegnung mit akut traumatisierten Patientinnen darauf hin, wie wichtig – neben anderem – die Förderung von Hoffnung ist. Traumatisierte Patienten haben oft wenig oder gar keine Hoffnung, so dass es unsere Aufgabe ist, Hoffnung bei den Patienten erst einmal keimen zu lassen und zu nähren. Die Forschungen von Fabrizio Benedetti (2011), Hirnforscher in Turin, bestätigen, dass Hoffnung zu haben für Patientinnen und deren Heilung wichtig ist und – das ist mir besonders wichtig – dass es der mitfühlende Arzt, die mitfühlende Ärztin sind, die Hoffnung bei ihren Patientinnen durch ihr Mitgefühl hervorrufen können. Es gibt offensichtlich eine direkte Verbindung zwischen Hoffnung und Mitgefühl im Prozess der Behandlung und daraus kann sich Heilung oder zumindest Linderung ergeben.

Anhand einer Vignette aus der Arbeit mit einer schwer depressiven Patientin, die als Kind Opfer sexualisierter und anderer Gewalt war, soll die Verbindung von Mitgefühl und Hoffnung verdeutlicht werden, diesmal geht es vor allem um das Aufgreifen und Ermutigen heilsamer Bilder. Die Patientin hatte zuvor berichtet, dass sie sich als Kind oft selbst Geschichten erzählt hatte, die sie trösteten.

Die zu Behandlungsbeginn sechzigjährige Patientin leidet an Depressionen, solange sie denken kann, sagt sie. Ihr Leben war schwer. Sie hat viele Schicksalsschläge erlitten. – Wie kann ein Mensch das aushalten? – Ihr Glaube hat ihr geholfen, erzählt sie. Aber es ist trotzdem

»zu schwer«. – »Wie schwer, wenn Sie es sich als ein Gewicht vorstellen?« – »Zentnerlasten«. – Dieses Bild hat Macht, das spüren wir beide. Das schwere Leben. Die Schicksalsschläge, die Zentnerlasten. Ich verspüre den Wunsch, dass sie es leichter habe. »Wenn es wie im Märchen wäre? Es würde ein Wunder geschehen ...?« – Sie lächelt. »Dann wäre da ein riesiger Felsbrocken. Und dann käme ein Riese und würde ihn mitnehmen, er könnte darauf sitzen ... ja, der Brocken wäre ein guter Platz für ihn, um sich auszuruhen ...« »Und Sie? Was machen Sie ohne Ihren Brocken?« – »Ich würde davonhüpfen.« Nun stellt sie sich das vor, hat Lust, es auszuprobieren. Geschichten fallen ihr ein. Bevor alles anfing, alles schwer wurde. Da ist sie gehüpft, damals als kleines Mädchen, auf dem Dorf bei den Großeltern. Das hatte sie ganz vergessen. Sie war irgendwann ein fröhliches Kind. – »Es kommt mir vor, als wäre das Kind noch da. Spüren Sie es nicht gerade?« – Da erlebt sie noch stärker ihre Leichtigkeit. – »Es ist also beides: das Schwere und das Leichte.« – »Ja, das merke ich jetzt. Es ist nicht verloren. Ich kann es erleben.«

Für die Patientin waren diese von ihr selbst gefundenen Bilder Hoffnungsbilder, so dass sie begann zu hoffen, dass Besserung doch noch möglich sei. Die Patientin hatte in sich andere Bilder entdeckt oder andere Wahrheiten. Sie muss dabei auch nicht verleugnen, dass es viel Schweres in ihrem Leben gab. Therapeutin und Patientin haben gemeinsam einen Anker gefunden, einen Hoffnungsanker!

Meine Erfahrung mit vielen schwer traumatisierten Menschen ist die, dass sie sich von klein an mit heilkräftigen Vorstellungen getröstet haben und so Hoffnung, Vertrauen, Zuversicht und Mut geschöpft haben, um zu überleben. So frage ich Patientinnen, die mir von Schwerem berichten, wie sie es überlebt haben, und stelle diese Frage allerdings so lange nicht, wie ich das Empfinden habe, es wäre diese Frage nicht am Platz, ungehörig, möglicherweise zurückweisend. Die Erfahrung mit vielen Patienten hat mich gelehrt, dass sie froh sind, wenn ich diese Frage stelle, die nach ihrer Überlebenskunst also, mit der ich sie an ihren Lebenswillen und Überlebenswillen erinnere. Aus meiner Sicht ist das eine Art, die Patientin an die Hand zu nehmen, wie Michael Eigen (Kaniel u. Eigen, 2013) es im weiter oben erwähnten Interview beschreibt, ohne sie dabei klein zu machen.

6 Mitgefühl im Kontext der Lehre von den »himmlischen Verweilungen« oder die Freude am Weg als salutogenetisches Vorgehen

Bis heute gibt es kaum ausgearbeitete psychodynamische Konzepte in Bezug auf Salutogenese, Resilienz- und Ressourcenorientierung. Daher will ich hier einige Gedanken anschließen, die möglicherweise zu den salutogenetischen Forschungsergebnissen von Benedetti passen, wonach das Mitgefühl des Arztes Hoffnung beim Patienten fördert, und die man als Überleitung zu Psychodynamik und Buddhismus begreifen kann. Hier gibt es nämlich das Konzept der »himmlischen Verweilungen«, Brahmaviharas. Es geht darum, dass, wie Sylvia Wetzel es ausdrückt, Mitgefühl »nur im Viererpack« Sinn macht (Wetzel, 2015). Diese vier werden bezeichnet als: Gleichmut, Mitgefühl, Mitfreude und Liebende Güte oder Wohlwollen. Ich möchte die Leserinnen und Leser einladen, sich so etwas wie »freudiges Mitgefühl« vorzustellen, im Gegensatz zu einem ausschließlich am Leiden orientierten.

Immer wieder fragen mich jüngere Psychotherapeutinnen, wie man die Begegnung mit schwer leidenden Menschen tagaus, tagein verkraften kann. Zunächst erscheint es wichtig, nicht zu erwarten, dass Heilung immer möglich ist, und dass auch das Lindern von Leiden einen Sinn hat. Das Konzept der himmlischen Verweilungen kann hier besonders hilfreich sein. Es geht nicht darum, immer *nur* mitfühlend zu sein, sondern eben auch nach Momenten der Freude im Leben der Patienten zu suchen und sich mitzufreuen, etwa wenn kleine Fortschritte erzielt werden, nach Momenten der Gelassenheit sowohl bei uns selbst wie bei den Patienten und allem mitfühlend und wohlwollend zu begegnen. »So gut es geht«, betont Paul Grossman in Vorträgen und Seminaren. Das heißt, wenn es mir nicht gelingt, begegne ich auch dieser Erfahrung mit Wohlwollen.

Eine tibetisch-buddhistische Tradition betont »Freude als Weg«, und es gibt eine Praxis des Mitgefühls und der Mitfreude, bei der es vor allem um das Wahrnehmen von Freudvollem – wie wir es herbeiführen oder verhindern – geht. In diesem Sinn kann das bewusste und achtsame Wahrnehmen und Auskosten von freudvollen Momenten geschehen und auf die andere Seite des Pendels verweisen; hiermit ist ein Pendeln zwischen Leidvollem und Freudigem, Glückbringendem gemeint, soweit das möglich ist. Selbst wenn es für die Patientin nicht immer sofort möglich ist, so können wir das innerlich für uns selbst und für sie vollziehen, bis sie selbst so weit ist (Reddemann, 2001, 2004). Für eine an salutogenetischen Prinzipien orientierte Psychotherapie ist das bewusste Wahrnehmen und Auskosten von Momenten des Glücks und der Freude unverzichtbar. Die Ursachen hierfür können ebenso psychodynamisch untersucht werden wie die Ursachen von Leiden.

Auf die Frage, wie Psychotherapeuten das Leiden ihrer Patienten aushalten, könnte die Antwort sein: mit der Hilfe von Mitgefühl, Gleichmut, Mitfreude und Wohlwollen sich selbst und der anderen gegenüber, gerade dann, wenn die Schwankungen zwischen Widerstand und Offenheit, Regression und Progression oder das Auf und Ab des Prozesses manchmal entmutigend wirken.

Auch ein Gedanke von Paul Fulton mag ermutigend sein: Nicht nur die Psychotherapie wird durch (explizite) Berücksichtigung von Mitgefühl bereichert, sondern eine an Achtsamkeit und Mitgefühl orientierte Meditationspraxis kann das psychodynamische und psychoanalytische Denken, Handeln und Verstehen der Therapeutin/des Therapeuten bereichern. Denn »der meditierende Therapeut als quasi verborgenes Element kann sehr richtungweisend sein, um Achtsamkeit [und Mitgefühl, L. R.] in die Therapie zu integrieren« (Fulton, 2009, S. 86). Dies wiederum kann dazu führen, dass die psychotherapeutische Tätigkeit als befriedigender und manchmal sogar beglückender erlebt werden kann, als manche meinen. Denn Achtsamkeit mag uns auch mit kleinen Momenten von Freude und Glück und unserem »heilen Kern« in Kontakt bringen, nicht nur mit leidvollen.

7 Einige Beispiele von Begegnungen von Psychodynamikern und Buddhismus

Im Folgenden gehe ich auf Themen ein, die mit der Geschichte der Begegnung beider Richtungen von psychoanalytischen Kollegen zu tun haben, sowie meine eigenen Erfahrungen mit diesen Themen.

7.1 Historische Vorläufer der Begegnung von Psychodynamik und Buddhismus

Als einer der Ersten beschäftigte sich C. G. Jung mit dem Buddhismus, so schreibt er: »Es scheint mir, dass wir wirklich etwas vom Osten gelernt haben, wenn wir verstehen, dass die Seele genug Reichtümer enthält, ohne dass sie von außen befruchtet werden muss« (Jung, 1995, S. 485). Karen Horney zitierte bereits 1945 D. T. Suzuki, den sie kurz vor ihrem Tod 1952 in Japan besuchte. Sie ermutigte ihre Kollegen, von Meistern des Zen-Buddhismus zu lernen, mit allem zu sein und dies in die Analyse zu bringen: »conscious reasoning, intuition, feelings, perception, curiosity, liking, sympathy, wanting to help« (Horney, 1987, zitiert bei Bankart, 2004, S. 56).

Am weitestgehenden dürfte Erich Fromm Psychotherapeuten hinsichtlich Buddhismus und Psychoanalyse beeinflusst haben. Auf Englisch erschien das Buch »Zen Buddhism and Psychoanalysis«, das Fromm gemeinsam mit dem Zen-Lehrer D. T. Suzuki und dem Religionswissenschaftler De Martino im Jahr 1960 herausbrachte. Erst 1972 erschien das Buch in deutscher Übersetzung. Fromm ging davon aus, dass Psychoanalyse wie Zen-Buddhismus den Traum teilen, den Menschen zu befreien, indem beide einen Weg zeigen, Unbewusstes in uneingeschränktes Bewusstsein überzuführen. Bei der Lektüre dieses Buches hatte ich gelegentlich den Eindruck, dass Fromm den Zen-Weg idealisiert, zumal er ihn meines Wissens nicht praktisch gegangen ist, was aber keinesfalls den Wert dieses Buches schmälert. (Auf einige Aspekte seiner Überlegungen zu Zen-Buddhismus und Psychoanalyse bin ich bereits eingegangen.) Der Psychoanalytiker Mark Epstein schrieb »Thoughts without a Thinker« (1995, deutsch 1996) und gab damit Impulse für psychodynamische Therapeuten hinsichtlich Gemeinsamkeiten zwischen psychoanalytischer Grundregel und buddhistischer Achtsamkeit. In seinem späteren Buch »Psychotherapy without the Self« (2008), das bisher nicht ins Deutsche übersetzt wurde, finden sich Verbindungen zwischen Buddhismus und Winnicott sowie Ghent und Eigen – eigenwillige Denker und Praktiker, die sehr inspirierend sind.

7.2 Aktuelle Begegnungen

2009 haben es Gerald Weischede und Ralf Zwiebel unternommen, einen Dialog über »Neurose und Erleuchtung. Anfängergeist in Zen und Psychoanalyse« zu führen. Der Titel bringt ein Dilemma auf den Punkt, geht es den meisten Psychoanalytikern ja doch um die Behandlung von Kranken, also Neurose im weitesten Sinn, während es im Buddhismus letztlich um Befreiung, auch Erleuchtung genannt, geht. Dies mag bereits deutlich machen, dass die Konzepte keinesfalls eins zu eins übertragbar sind. Der Dialog, der zum Verständnis einiger Grundbegriffe beitragen kann, zeigt Unterschiede und Gemeinsamkeiten auf. Ein zweites Buch der Autoren folgte 2015: »Buddha und Freud – Präsenz und Einsicht: Über buddhistisches und psychoanalytisches Denken«. Präsenz und Einsicht lassen sich aus meiner Sicht leichter miteinander verbinden als Neurose und Erleuchtung – und sind Grundbausteine psychoanalytischen Arbeitens wie auch von meditativer Praxis. Allerdings sind Präsenz und Einsicht nicht alles, weder in der psychoanalytischen Begegnung noch aus buddhistischer

Sicht. Die Titel der beiden Bücher eröffnen ein breites Spektrum für Begegnungen unterschiedlicher Art und auch die Erkenntnis von Unvereinbarkeiten der beiden Denkrichtungen.

Es ist an dieser Stelle wichtig darauf hinzuweisen, dass das Wort »Denkrichtungen« nicht wiedergibt, worum es im buddhistischen »Denken« geht, nämlich um etwas, das als »Herz-Geist« übersetzt werden sollte. Leider bleibt häufig nur Geist – Englisch »mind« – übrig. Hier sehe ich eine – möglicherweise – Begrenzung der Annäherung, insbesondere da ja die relationalen, intersubjektiven Richtungen der Psychoanalyse für das Emotionale und damit auch »das Herz« große Aufgeschlossenheit zeigen. Für östlich geprägte Menschen scheint es Unterschiede zwischen Denken und Herz nicht in der gleichen Weise zu geben wie für uns, die wir immer noch von Descartes geprägt sind (vgl. z. B. Welwood, 2010).

Ein weiterer Versuch der Begegnung zwischen Buddhismus und Psychotherapie findet in dem Band »Psychotherapie und buddhistisches Geistestraining: Methoden einer achtsamen Bewusstseinskultur« statt, der 2013 (Anderssen-Reuster, Meibert u. Meck) erschienen ist. Auch hier geht es wieder um das »Geistestraining«, offenbar fühlen sich viele damit eher auf sicherem Boden. Achtsamkeit *und* Mitgefühl klingen in dem Band mehr oder weniger deutlich an.

Im Jahr 2014 fand in Boston eine bemerkenswerte Konferenz statt: »Mindfulness, Compassion, and Psychodynamic Psychotherapy: Converging Paths«. Veranstaltet wurde diese Konferenz von drei Institutionen: dem Beth Israel Deaconess Medical Center, dem Institute for Meditation and Psychotherapy und der Boston Psychoanalytic Society und dem dazugehörigen Institut. Es ging hier um sich einander annähernde Wege. Heute kann ein Analytiker, der auf der Boston-Konferenz sprach, sagen: »In fact, Buddhism is a powerful psychological system of self awareness which can enhance the practice of psychoanalysis« (Birnbach, 2010).

Eine intensive *institutionelle* Annäherung zwischen psychoanalytisch-psychodynamischem Denken und Buddhismus ist in Deutschland dagegen bisher nicht zu beobachten.

Die Orientierung am Üben, Üben, noch mal Üben – neben vielem anderen – mag für Verhaltenstherapeuten leichter nachzuvollziehen sein als für Psychoanalytiker. Epstein, Safran oder Polly Young-Eisendraht und auch Zwiebel scheinen diese Konzepte zu nutzen, um tiefer sowohl in meditative Praxis wie in den eigenen psychoanalytischen Hintergrund einzudringen, um dann Gemeinsamkeiten und Unterschiede zu beschreiben; viele der amerikanischen Autorinnen praktizierten buddhistische Meditation, ehe sie sich der Psychoanalyse zuwandten. Ich selbst habe ebenfalls mit der Meditation Anfang der 1970er Jahre und etwa zehn Jahre später mit der psychoanalytischen Weiterbildung begonnen.

7.3 Wichtige Themen

Zunächst habe ich durch einen vom Zen-Buddhismus geprägten Lehrer Achtsamkeit kennen gelernt. Die Lehren leuchteten mir ein, da ich mir aber traumatischer Belastungen zu jener Zeit kaum bewusst war, konnte ich mich teilweise auf diese Übung schwer einlassen. Erst später konnte ich mir diese Schwierigkeiten erklären, denn durch die offene Haltung der Achtsamkeitsübung kann traumatisches Material überflutend wirken, solange nicht genügend innere Stärke vorhanden ist, alles, was auftaucht, »einfach« wohlwollend anzunehmen.

Heute wissen wir genauer als vor Jahrzehnten, dass, wenn traumatisches Material an die Oberfläche dringt, dies zu einem Erleben führen kann, als fände die traumatische Erfahrung jetzt statt. Hier hilft dann meist nur die Dissoziation, was zweifellos nicht wünschenswert ist. Dennoch kann eine behutsame Arbeit mit Elementen der Achtsamkeitspraxis sehr hilfreich sein (Reddemann, 2011). Mitgefühl, wie bereits mehrfach erwähnt, sowie eine ausdrückliche Praxis des Mitgefühls mit dafür vorgesehenen Übungen sind besonders unterstützend. Konzepte aus dem tibetischen Buddhismus, wonach die Konzentration auf Glück und Freude, die ja von allen ersehnt werden, von Anfang an praktiziert werden kann, können das Leben leichter machen, ohne Leid und Leiden auszublenden.

8 Mitgefühl und Achtsamkeit in der therapeutischen Beziehung – psychodynamische Psychotherapie und buddhistische Konzepte

Es geht in der psychodynamischen Psychotherapie – vermutlich immer – um Mitgefühl mit uns selbst *und* mit den Patienten. Gerade aus diesem Mitgefühl kann für uns selbst eine Akzeptanz von Schwächen und Unzulänglichkeiten erwachsen, die wiederum den Patienten zugutekommt. Winnicotts Wort von »good enough« (gemeint ist bei Winnicott die Mutter) passt hierzu.

Mitgefühl kann helfen, Scham zu akzeptieren als ein nicht zu vermeidendes schmerzhaftes Erleben einerseits, um andererseits dem Patienten schamvolles Erleben möglichst nicht oder dosiert zuzumuten, wenn es sich um traumatische Hintergrunderfahrungen handelt, die ausschließlich überwältigend erlebt werden können. Dazu benötigt der Psychotherapeut, die Psychotherapeutin Mitgefühl und Achtsamkeit. Wie weiter oben erläutert gibt es im Buddhismus eine innige Verbindung von Mitgefühl und Achtsamkeit (und weiteren Qualitäten).

Paul Grossman beschreibt Achtsamkeit »als eine Handlung verkörperter Ethik, die in das buddhistische epistemologische und ethische System verwoben ist. Dieses System strebt danach, die Erfahrung und die Linderung von Leid zu verstehen. Wahrnehmung als eine durch Achtsamkeit gekennzeichnete bewusste Erfahrung von Moment zu Moment erfordert die Pflege von Geisteshaltungen wie Freundlichkeit, Geduld, Toleranz, Großzügigkeit, Mitgefühl und Mut; andernfalls verliert man sich in Analyse, Beurteilung und/oder Grübelei. Diese und ähnliche wohlwollende Verhaltensweisen beinhalten ein System ethischer Werte, die vollkommen mit der buddhistischen Ethik übereinstimmen. Wenn man solche Geisteshaltungen durch eine Praxis der

Achtsamkeit erzielt, führt dies oft zu einem Gefühl des mentalen und physischen Wohlbefindens (d. h. Verkörperung), das sich auch unter unangenehmen Bedingungen einstellen kann. Achtsamkeit als solche ist daher eine Praxis, die die Entwicklung von ethischen Werten mit offenem Herzen wie auch das Verständnis von erlebter Erfahrung fördert. Innerhalb dieses Rahmens kann man Achtsamkeit als eine Form der vorurteilslosen, gelassenen und mit offenem Herzen gemachten Erfahrung definieren, und dies bezieht sich auf alle wahrnehmbaren Ereignisse und Vorgänge, die sich von Moment zu Moment entfalten« (Grossman, 2015, S. 17, Übersetzung L. R.). Hier sei an Karen Horneys Worte erinnert: »conscious reasoning, intuition, feelings, perception, *curiosity, liking, sympathy, wanting to help*« (Horney, 1987, zitiert bei Bankart, 2004, S. 56, Hervorhebung L. R.).

Eine Patientin erzählt von dem Mangel an Aufrichtigkeit und der Schönfärberei der Eltern in Bezug auf Belastungen, die auf ihr und der Familie lasteten. Dann meint sie, sie habe das Gefühl, dass sie mit ihrem Schmerz bei mir nicht ankommt. Ich bemerke bei mir Unverständnis für ihr »Gejammer« und zunächst sträubt sich etwas in mir, dass sie mir nun »unterstellt«, ich sei genauso uneinfühlsam wie ihre Eltern. Es wird mir aber meine Schwierigkeit bewusst, mich in ihre Not nicht nur einzufühlen, sondern ihr auch mit Mitgefühl zu begegnen. Ich sage ihr, sie habe Recht, es sei mir schwergefallen, ihr mit Mitgefühl zu begegnen. Danach kann ich ihr sagen, ich hätte mich für einen Moment ganz überwältigt gefühlt, das habe aber mit mir zu tun und sie habe Recht, dass ich sie da im Stich gelassen hätte. Daraus entwickelt sich eine fruchtbare Analyse ihrer verschiedenen Gefühlszustände, insbesondere ihrer Wut, die dem Schutz vor tiefen Verlassenheitsgefühlen und Verzweiflung diente. Unsere Zusammenarbeit hat sich vertieft.

Ich hatte mich bemüht, meine Erfahrungen in der Therapie – mit mir selbst und mit der Patientin – freundlich wahrzunehmen. Hier war wiederum eine forschend-neugierige Haltung hilfreich, um zu erkennen, wie viel Über-Ich-Angst uns beide begleitete. Es mag einleuchten, dass mitfühlende Achtsamkeit weiterführt als die heute viel empfohlene Achtsamkeit, die nicht urteilen soll, aber eben nicht immer und grundsätzlich verbunden ist mit einem mitfühlenden »Herz-Geist«, wie von Grossman beschrieben, sondern eher mit einem Interesse an kognitiven Vorgängen. Zur Erinnerung: Das Wort »citta«, das oft nur mit »Geist« übersetzt wird, bedeutet »Herz-Geist«.

Polly Young-Eisendraht (2003, S. 301–323), mit den buddhistischen Lehren vertraut, untersucht die Wichtigkeit von Mitgefühl vor allem unter dem Aspekt von Übertragung. Sie spricht von einer »containing-transcendent«-Übertragung und meint damit unter anderem eine Form der Übertragung, die »mit Hoffnung erfüllt ist, das eigene Leiden und das eigene Leben zu verändern und auch andere Einschränkungen zu transformieren auf eine Art, die spiritueller Transzendenz gleicht«. Diese »bergend-transzendierende« Übertragung wird zunächst durch die Hoffnung der Patienten genährt, dass der Therapeut oder Analytiker genügend erfahren und fürsorglich ist, um das Leiden der Patientin zu lindern. Diese Form der Übertragung zeigt nach Young-Eisendraht das Entwicklungspotenzial der Patientin im Hinblick auf Weisheit und Mitgefühl für sich und andere und die der Patientin innewohnende Möglichkeit, Leiden zu transzendieren (Young-Eisendraht, 2003, S. 305, Übersetzung L. R.).

Hier handelt es sich wiederum um eine salutogenetische Sichtweise. Wenn Mitgefühl definiert wird als eine Haltung, die Leiden anerkennt und lindern will, so erscheint eine Sicht auf den Patienten als jemand, der bereits über das Potenzial verfügt, das er braucht, und der im Kern bereits mitfühlend mit sich selbst ist, notwendig.

Es sollte aber nicht außer Acht gelassen werden, dass schwer interpersonell traumatisierte Patienten häufig viel Zeit brauchen, um Vertrauen in den Therapeuten, die Therapeutin zu entwickeln. Das bedeutet, dass der Therapeut oft über eine längere Zeit ohne diese Hoffnung der Patienten auskommen muss und sich allein auf das Mitgefühl und die Freude an kleinen Fortschritten stützen kann. An dieser Stelle bedeutet Mitgefühl vor allem, gut zu verstehen, was frühe

Vernachlässigungs- und Gewalterfahrungen anrichten können, und einen Patienten zu respektieren, der einem fortwährend mit größter Vorsicht begegnet.

Young-Eisendraht hebt hervor, dass die containing-transcendent-Übertragung nicht nur eine persönliche Angelegenheit sei und dass man sie nicht herstellen müsse. Sie entwickle sich aus der universellen Hoffnung auf Transformation von Leiden. Diese Aussage ist eher von buddhistischen Konzepten beeinflusst als von psychoanalytischen. Eine weitere Möglichkeit sieht Young-Eisendraht darin, dass die Psychoanalyse Mitgefühl durch die fortgesetzte gemeinsame Erforschung des Leidens der Patienten ermöglicht. Dies kann schließlich zur Anerkennung der vielen Schichten von Bedeutungen des eigenen Leidens oder dessen von anderen führen. Wenn Psychoanalytiker und Patient dieses menschliche Dilemma sehen und ihm begegnen, werden sie mitfühlender mit allen Wesen, setzt Young-Eisendraht voraus. Mitgefühl mit allen Wesen ist etwas, was man nach jeder buddhistischen Meditation ausdrückt, indem man wünscht: »Mögen alle Wesen frei sein von Leiden, mögen alle Wesen glücklich sein.«

Persönliches Leiden kann sowohl durch meditative Praxis als durch psychotherapeutische Arbeit transformiert werden, manchmal durch beides, manchmal *neben* einer effektiven buddhistischen Praxis und manchmal ausschließlich durch Psychotherapie, die eine Voraussetzung sein kann, um sich überhaupt tiefer auf die buddhistische Praxis einlassen zu können. Dies verdeutliche ich im Fallbeispiel im letzten Kapitel (S. 55 ff.).

Pema Chödron, eine namhafte buddhistische Lehrerin, meint, was auch immer der Lehrer tue, es gehe darum, dem Schüler zu helfen, Schicht für Schicht die Schutzmechanismen und Selbsttäuschungen zu erkennen, die die angeborene innere Weisheit blockieren. Owen Renik (2003), Lehranalytiker am San Francisco Psychoanalytic Institute, der sich in seiner Arbeit auf Chödron bezieht, meint, dass er sich keine überzeugendere Aussage der aktuellen Sicht aus intersubjektiver Perspektive zum psychoanalytischen Prozess und gemeinschaftlicher Arbeit vorstellen könne. Ich nehme an, dass Leserinnen und Leser dem ebenfalls zustimmen können, ohne sich darin zu täuschen, dass die Wege sehr unterschiedlich sein können, die bewirken, was Pema Chödrön anstrebt.

Eine, wie ich finde bescheidene, Zusammenfassung von Young-Eisendraht halte ich für bemerkenswert: »for either Buddhism or psychoanalysis, the proof is in the pudding for the person who is suffering: Does this method help?« (2003, S. 325). Damit bezieht sie sich auf ein Sprichwort, wonach sich beim Essen entscheidet – nicht durch das Rezept oder beim Zubereiten! –, ob der Pudding schmeckt. Andere, nichtanalytische Autoren, die sich mit der Wirksamkeit von Psychotherapie beschäftigen, empfehlen, wenn der Pudding nicht schmecke, entweder das Rezept zu wechseln, oder man könne sich einen anderen Koch suchen oder eine andere Küche (Hubble u. Miller, 2004). Young-Eisendraht würde wohl eher empfehlen, dass der Koch auf der Basis von Mitgefühl ein anderes Rezept ausprobiert und vor allem seinen »Pudding« mit Mitgefühl würzt.

9 Psychoanalytische Identität und Begegnung mit buddhistischen Konzepten

Manche werden sicher fragen, was es mit der psychoanalytischen Identität auf sich hat, wenn man anfängt, sich mit buddhistischen Ideen zu beschäftigen und diese sogar für Behandlungen in Betracht zu ziehen. Die Geschichte der Psychoanalyse ist durchzogen von Ausgrenzung und Abwertung nicht mehrheitsfähiger Konzepte. Jürgen Hardt (2015) hält »das Konzept der psychoanalytischen Identität« für »untauglich für einen fairen Diskurs« und empfiehlt, »das Konzept der psychoanalytischen Methode zu verwenden«. Die Methode in seinem Sinn ist »kein Fahrplan und kein Navigationsgerät. Eine Methode haben bedeutet auch nicht, in spanische Stiefel eingeschnürt zu werden, um den richtigen Gang zu erzwingen. Die Methode ist selbst eine Bewegung, die Wege schafft […] So ist Psychoanalyse ein unendlicher Weg zu sich selbst, der zwar alleine gefunden und begangen werden muss, aber zugleich auf den anderen angewiesen ist, dessen Andersheit anerkannt werden muss. Diese Grunderfahrung unterscheidet die psychoanalytisch tiefenpsychologische Praxis von allen anderen psychotherapeutischen Praktiken« (Hardt, 2015, S. 304 f.). Mitgefühl – mit sich und anderen – kann eine Möglichkeit sein, das sich Bewegen auf schwierigen Wegen zu erleichtern.

Die Verbindung zwischen Psychoanalyse und Buddhismus beschäftigt inzwischen – vorrangig in den Vereinigten Staaten – nicht wenige Kollegen und Kolleginnen. Für mich haben beide Lehren – psychodynamische wie buddhistische – sowohl in meinem professionellen wie in meinem persönlichen Leben eine hohe Bedeutung. Ich kann mir ein Leben ohne das eine *sowie* das andere nicht mehr vorstellen. Mitgefühl als Grundhaltung sehe ich als etwas Gemeinsames, wobei buddhistische Erfahrungen und Lehren dazu erheblich älter sind als die von Psychotherapeutinnen und wir davon viel lernen können. Möglicherweise hilft psychodynamisches Denken dabei zu erkennen, was uns hindert, einem Patienten mit Mitgefühl zu begegnen.

Ich habe als eine zentrale buddhistische Botschaft verstanden: Leiden gibt es und wir machen es schlimmer, wenn wir das nicht akzeptieren. Leiden hat nach buddhistischer Auffassung mit einem Mangel an Weisheit zu tun, so dass wir uns unserer »Buddha-Natur« nicht bewusst sind. Buddha-Natur kann als »heiler Kern« aufgefasst werden. Ihm können wir uns annähern, wenn wir uns erlauben können, Mitgefühl, Freundlichkeit, Gelassenheit, Freude und Liebe zu erfahren und bewusster zu erleben. Dies kann man als eine Erweiterung und Bereicherung psychodynamischer Sichtweisen sehen, weil diese Grundhaltung zu einem stärkeren Interesse an salutogenetischen Faktoren beitragen kann, ein Aspekt, der in psychodynamischen Therapien gerade erst eine Rolle zu spielen beginnt (Buechler, 2009).

Wir erfahren, dass längst nicht jedes Leiden beendet werden kann und dass manches Leiden wie Sterben und Altern sich unserer Einflussnahme ohnehin völlig entzieht. Hier kann Mitgefühl von Bedeutung und hilfreich sein. Mitgefühl verstehe ich im Kontext nicht vermeidbaren Leidens als ein für den Patienten Daseinwollen und die Bereitschaft, Leiden lindern und Hilfreiches, wenn möglich, *bewirken* zu wollen durch ein »Ich bin da!«. Und dieses Daseinkönnen fällt auf der Basis der buddhistischen Grundüberzeugung von Buddha-Natur leichter.

Über Jahrzehnte war Erich Fromms Aufsatz zu »Zen-Buddhismus und Psychoanalyse« der einzige Text zu diesem Thema. Eine neuere Quelle der Erkenntnis ist das Buch »Psychoanalysis and Buddhism – an Unfolding Dialogue«, das über fünfzig Jahre später, 2003, in Amerika erschienen ist. Dieses Buch ist ein wichtiger Schritt in Richtung Verständigung. So kann der Dialog zwischen Psychoanalyse und Buddhismus uns zu einer Erfahrung von Verbundenheit in jeder menschlichen Erfahrung einladen.

Ich habe gute Erfahrungen damit gemacht, mit meinen schwer traumatisierten und sich verlassen fühlenden Patientinnen und Patienten in der Klinik Verbundenheitsübungen aus dem Buddhismus zu thematisieren. Welcher westliche Mensch kommt schon auf die Idee, dass man bei jedem Stück Brot, das man isst, bei jeder Unternehmung, die man macht, stets mit unzähligen Menschen und anderen Lebewesen verbunden ist. Das Stück Brot verbindet uns mit dem Bauern, der den Weizen gesät und geerntet hat, aber auch mit der Sonne, dem Regen, dem Wind und der Erde, die den Weizen wachsen ließen, den Menschen, die ihn verarbeitet haben, und so weiter. Viele Patienten haben mir berichtet, dass sie mit solchen Übungen ein Bewusstsein für Verbundenheit entwickelt haben, das sie als heilsam erleben.

Für Rubin (2003), der sich auf Fromm bezieht, kann sowohl die Psychoanalyse als auch der Buddhismus uns dabei behilflich sein, mit größerer Selbst-Bewusstheit, Selbstakzeptanz, Sorge, Mitgefühl, Moralität und Freiheit zu leben. Er hebt hervor, dass die Psychoanalyse Wesentliches dazu beigetragen habe, die unkritische Vergötterung der Religionen aufzudecken und, wie ich ergänzen möchte, viele andere »Vergötterungen«. Der Buddhismus andererseits betont die Gefahren des »Anhaftens«, zum Beispiel des Klammerns an Überzeugungen wie die von der Existenz eines beständigen, sich nicht verändernden, autonomen Selbst bis hin zum Festhalten an bevorzugten psychoanalytischen oder buddhistischen Lieblingsüberzeugungen. Rubin mahnt, weder den Buddhismus noch die Psychoanalyse als ewige Wahrheiten zu betrachten. Denn in beidem ist Unbewusstes auffindbar. Rubin empfiehlt, auf die Bequemlichkeit zu verzichten, uns mit der einen oder der anderen Richtung zu identifizieren, als sei sie die einzige Quelle der Wahrheit. »Then we can dance in the spaces between them – tacking back and forth – freer to use what is best from each« (Rubin, 2003, S. 391). Dies ist ein passendes Bild für das Anliegen, durch Achtsamkeits- und Mitgefühlspraxis psychodynamische Psychotherapie zu unterstützen.

Im Unterschied zu buddhistischen Konzepten sind die Konzepte der Gegenseitigkeit und der Relationalität in der psychoanalytischen Beziehung konsistent mit einer Betonung der Werte des Individuums und der Infragestellung traditioneller Quellen der Autorität.

Der Dialog kann beide Richtungen bereichern und beide können sich durch diese Begegnungen verändern (Safran, 2003). Buddhisten sehen das Universum als Ganzes, sie trennen das Spirituelle nicht vom Weltlichen. So kann Safran fragen, ob wir die Welt wieder neu verzaubern können und uns Erfahrungen von partizipativer Bewusstheit und Verbundenheit möglich werden.

Engler (2003) betont, dass es Ichstärke brauche, um meditieren zu können. Er hebt weiter hervor, dass in buddhistischen Traditionen durchaus bekannt ist, dass Erwachen nicht in einem Augenblick geschieht, sondern in vielen Stufen abläuft, und dass die dort beschriebenen Fortschritte denen in Therapien ähnlich sind. Englers Überlegungen weisen einen Weg, dass man ausgerüstet mit der Brille der jeweils anderen Richtung die Beschränkungen des eigenen Weges deutlicher sehen kann.

10 Achtsamkeit und psychodynamische Sichtweisen

Was wissen wir über Achtsamkeitspraxis im traditionellen Sinn? Hierzu schreibt der Indologe Hans Gruber: »In der Lehre des Buddha ist eine auf ihre konzentrative Funktion beschränkte Achtsamkeit [...] eine ›Verfehlte Achtsamkeit‹« (2011, S. 41).

Buchheld und Walach (2004) meinen, der spirituelle Hintergrund von Achtsamkeit sei unabhängig von der buddhistischen Lehre von allgemeiner Bedeutung. Das könnte den Schluss nahelegen, Achtsamkeit im buddhistischen Sinn könne leicht in psychodynamische Therapien integriert werden. Die beiden Autoren mahnen daher: »Unsere moderne Mentalität der schnellen Behebung aller Störungen und Probleme birgt das Risiko, das Konzept der Achtsamkeit für ihre Zwecke zu instrumentalisieren, zu manipulieren mit der möglichen Folge, dass so dessen eigentliche Kraft verloren geht« (Buchheld u. Walach, 2004, S. 26). Wie schon in den zuvor dargestellten Zitaten von Grossman ist Achtsamkeit ohne ethischen Hintergrund nicht denkbar..

Laut den Lehren des Buddhas sind die *Erfahrungen* des Menschen die höchste Erkenntnisquelle. Gruber führt aus, dass es dem Buddha nicht um die Schulung der »Achtsamkeit« ging, sondern der »Trefflichen« oder auch »Rechten Achtsamkeit« (sammâ Sati), die erst zur »wahren Natur der Dinge erwachen« lasse. Der Buddha hat nach Gruber und vielen andern Kennern buddhistischer Lehren allein die »Treffliche Achtsamkeit« gelehrt.

Die neutrale Achtsamkeit, so wie sie jetzt vorrangig in der Psychotherapie und Psychologie des Westens propagiert wird, hat mit Trefflicher oder Rechter Achtsamkeit wenig zu tun, ich möchte sie als eine Vorstufe bezeichnen. Hier wird eine zweckneutrale Achtsamkeit im Sinne einer bloßen Beobachtungs- und Wahrnehmungsfähigkeit geschult. Nach Gruber ist die Treffliche Achtsamkeit eine Quelle des kulturübergreifenden Inneren Weges zum vollkommenen Erwachen mit ethischer Motivation, geistiger Ruhe bzw. intuitivem Wissen.[6]

Paul Grossman führt aus: »Ein begrenztes Konzept der Achtsamkeit, das sich einfach nur als eine weitere Technik in das Arsenal der verhaltens- und psychotherapeutischen Interventionen einreihen lässt, wird damit weder der ursprünglichen Vorstellung von Achtsamkeit gerecht, noch entspricht dies dem gegenwärtigen wissenschaftlichen Forschungsstand auf dem Gebiet achtsamkeitsbasierter Interventionen« (2004, S. 71).

Wenn Freud zum Ziel hat, dass neurotisches Elend sich in allgemeines verwandeln solle, so verfolgen Buddhisten andere Ziele, denn ethisches Verhalten wird für die Entwicklung von – Rechter – Achtsamkeit als unerlässlich angesehen. Nach Grossman wird der Einzelne dadurch von der Spannung befreit, die durch unethisches Verhalten entsteht. »Die Befürworter der buddhistischen Achtsamkeit und anderer Bewusstseinsdisziplinen […] gehen davon aus, dass die normalen Funktionsweisen selbst suboptimal sind« (2004, S. 75).

Andererseits soll nicht unerwähnt bleiben, dass Achtsamkeitspraxis auch dazu führen kann, Themen zu vermeiden, oder sie kann zu Abwehrzwecken verwendet werden, vor allem: narzisstische Perfektion und Unverwundbarkeit zu verfolgen, Ängste vor Individuation zu umgehen, Verantwortlichkeit und Verfügbarkeit zu meiden, Ängste vor Nähe zu rationalisieren, unerwünschte Gefühle zu unterdrücken, Ärger zu vermeiden, Über-Ich-Bedürfnisse nach Selbstbestrafung zu erfüllen, innere Erfahrung zu vermeiden, Vernunft, Intellekt und Nachdenken über eigene Motive zu vermeiden und Meditation als Ersatz für Trauerprozesse angesichts von Verlusten einzusetzen und Kummer aus dem Weg zu gehen (Suler, 1993).

---

6 http://buddha-heute.de/rubrik-07/vipassana-ueberblick.php#3, Zugriff am 9.12.2015.

Jeremy Safran (2003) fragte sich, was Freud bewogen haben mag, auf ethische Lehren weitgehend zu verzichten, und betont in seinen Überlegungen immer wieder, wie sehr es Freud um Autonomie ging. Safran meint, dass heute viele Psychoanalytiker sich dem Buddhismus zuwenden, weil sie Verbundenheit suchen. Neuere psychoanalytische Richtungen wie die Selbstpsychologie und die intersubjektive Psychoanalyse erscheinen nicht zuletzt deshalb näher am Buddhismus.

Es ist meine Überzeugung, dass wir aus dem Reichtum der buddhistischen Mitgefühls- und Achtsamkeitspraxis Elemente für den psychotherapeutischen und den persönlichen Alltag gewinnen und nutzen und uns inspirieren lassen können. Und es ist mir ein Anliegen, das deutlich zu machen. Es gibt inzwischen nicht wenige Psychoanalytiker, die Prinzipien der »Rechten Achtsamkeit« in ihre Arbeit einfließen lassen. Die Kenntnis einiger buddhistischer Hintergründe kann dann eine Bereicherung sein, ohne dass die psychoanalytische Methode oder eine psychoanalytische Grundhaltung verlassen werden müsste. Allerdings kann man Achtsamkeit nicht durch Bücher lernen, sondern nur durch persönliche Erfahrung und deshalb ist auch alles, was darüber gesagt wird, relativ unbedeutend, solange man sie nicht selbst erfährt.

11 Meditative Praxis als Übungsweg

Während die psychoanalytische Psychotherapie überwiegend auf Einsicht – begründet auf Erfahrung – setzt, geht es in der buddhistischen Psychologie neben Einsicht häufig, eher ähnlich wie in der Verhaltenstherapie, um Übung, etwa durch tägliche Meditationspraxis.

Die Frage, die ich mir früh stellte, war, ob sich die Empfehlung für Übungen mit einer psychodynamischen Grundhaltung verbinden lässt. Dazu gibt es jahrzehntealte Erfahrungen im stationären Bereich. Dort ist es seit langem Tradition, Patienten mit Übungen vertraut zu machen, sei es mit Entspannungsübungen wie Autogenes Training oder Muskelrelaxation oder auch übungsorientierter Körpertherapie. Da ich ab dem Jahr 1985 – für 19 Jahre – eine psychotherapeutische Klinik geleitet habe, waren mir übungsorientierte Herangehensweisen nicht fremd. Dennoch ist mein persönlicher Umgang heute in der Einzeltherapie eher so, dass ich prozessorientiert mit den Patienten erarbeite, welche Ressourcen ihnen bereits zur Verfügung stehen, und sie dann ermutige, diese so oft wie möglich zu nutzen, und dass wir dies dann wieder gemeinsam betrachten. Übung hat im Deutschen nicht unbedingt einen guten Klang. Wiederholung hören manche lieber. Es bleibt dabei, dass etwas, was man gut kennen und können möchte, wiederholt oder eben geübt werden muss.

Im Rahmen meiner Arbeit als Psychotherapeutin finde ich es außerordentlich nützlich und hilfreich, dass sich meine Wahrnehmung durch die Meditationspraxis verfeinert hat, und ich kann sagen, dass durch diese *Praxis* mein Über-Ich milder wurde. Das heißt, dass sich hier in der Psychoanalyse gewonnene Einsichten mit meditativer buddhistischer Erfahrung verbinden.

Wenn Patienten bereits mit entsprechenden Erfahrungen zu mir kommen, zeige ich mich an ihren Erfahrungen interessiert und beziehe sie in die therapeutische Arbeit mit ein. Ich bringe aber von mir aus keine Empfehlungen für eine derartige Praxis ein, weil ich das als einen Übergriff erleben würde.

In früheren Jahren habe ich meinen Patienten in der Klinik empfohlen zu üben, ich würde das heute nicht mehr tun, allenfalls dazu ermutigen, wenn der Patient/die Patientin – inzwischen nur noch im ambulanten Setting – selbst darauf kommt. Bei solchen Fragen spielen persönliche Haltungen eine entscheidende Rolle; nicht zuletzt aus Mitgefühl hat es wenig Sinn, eine einzige Wahrheit zu erwarten.

Heute wird überall Achtsamkeit geübt und beinahe als Wunderwaffe für alle möglichen Beschwernisse angesehen. Dem stehe ich skeptisch gegenüber. Was jeweils genau unter Achtsamkeit verstanden wird, bedarf häufig einer genaueren Klärung, wie ich zu zeigen versucht habe. In den östlichen Traditionen, vor allem der tibetischen, wird kranken Menschen keine Achtsamkeitspraxis empfohlen, allenfalls Mantras oder auf Mitgefühl zentrierte Übungen. Offenes Gewahrsein, selbst wenn es von Freundlichkeit und Mitgefühl getragen ist, kann sehr belastete Menschen überfordern und unkontrollierbar traumatisches Material aktivieren.

Aus psychoanalytischer Sicht kann der Austausch über Themen meditativer Praxis als das Angebot von Übergangsobjekten verstanden werden. Entschließt sich der Patient dazu, damit alleine zu üben, schafft er einen Übergangsraum, der Halt geben kann, was zumindest für bindungstraumatisierte Patienten einen hohen Stellenwert haben kann.

Abschließend will ich einige Erfahrungen aus einer Behandlung eines Patienten teilen, der den ausdrücklichen Wunsch entwickelte, sich mit meiner Hilfe mit seinen Meditationserfahrungen auseinanderzusetzen und sich diesen gewachsen zu fühlen. Er schien genau diese Verbindung gebraucht zu haben und seine Geschichte ist damit eine Illustration eines günstigen Zusammenwirkens beider Wege.

Wir hatten schon geraume Zeit miteinander gearbeitet, bis er mir davon berichtete, er sei auf einem Retreat gewesen. Er habe sich schon lange mit Buddhismus beschäftigt und habe sich deshalb überlegt, dass er diesbezüglich praktische Erfahrungen machen wollte. Als ich das hörte, war ich besorgt. Ich hatte ihn bisher als jemanden erlebt, der sehr fragil war und fortwährend um seine innere Sicherheit zu kämpfen hatte. Ich hielt es aber nicht für angebracht, ihm das zu diesem Zeitpunkt zu sagen, sondern fragte ihn, was ihn am Buddhismus interessiere. »Weil es keinen strafenden Gott gibt!« Er suche einen spirituellen Weg, weil er Gott schon lange getötet habe. Eigentlich habe das seinem Vater gegolten – einem evangelischen Pfarrer – der ihn jahrelang sadistisch misshandelt hatte. Im Buddhismus gehe es ja auch darum, alles selbst zu überprüfen und nicht glauben zu müssen. Das sei hilfreich für seine Ablösung vom Vater. Der habe seine Überzeugungen in seine Kinder hineingeprügelt.

Da er mir bereits ausführlich von den schweren Misshandlungen durch den Vater berichtet hatte, spürte ich Freude über seine Loslösungsbemühungen. Dennoch war ich auf eine schwer benennbare Art beunruhigt. Ich fragte ihn, wie es ihm im Retreat ergangen sei. – Es sei schrecklich gewesen. Er habe das Schweigen kaum ausgehalten und es sei sehr viel in ihm hochgekommen. Es sei eigentlich wie eine Heimsuchung gewesen. – »Und wie haben Sie es geschafft, eine Woche durchzuhalten?« Mit kaum verhohlenem Zynismus meinte er: »So etwas bin ich doch mein ganzes Leben schon gewöhnt!«

Ich war entsetzt, und das sagte ich ihm. Er starrte mich an und nach einer Weile begann er zu weinen. Wir saßen beide still da und er weinte. Ich hatte das Gefühl, dass ich mich nicht rühren dürfe. Schließlich sagte er: »Es ist schwer und es ist gut, dass ich hier bei Ihnen weinen kann.« Das Retreat sei von einem Mönch geleitet worden, er habe ihm nicht vertrauen können, obwohl er sehr freundlich gewesen sei, aber doch auch streng. »Ich glaube, es war einfach viel zu viel, und ich habe mich nicht getraut, das zu sagen. Ich dachte, das muss ich jetzt durchhalten.« »Ich hätte Ihnen sehr gewünscht, dass Sie sich hätten erlauben können, nicht durchzuhalten, aber ich verstehe, dass Ihnen das nicht in den Sinn kam.« Aufgrund eigener Erfahrungen fragte ich ihn, ob die Möglichkeit dazu denn angeboten worden sei. Ich wusste, dass es sehr strenge Retreats gab, aber auch solche, wo die Teilnehmenden ausdrücklich eingeladen wurden, gut auf ihre Grenzen zu achten und gegebenenfalls Pausen einzulegen. Er dachte lange nach und sagte dann: »Doch, es wäre möglich gewesen, aber es ist mir nicht in den Sinn gekommen.« Ich bemerkte, dass er die gleichen Worte benutzt wie ich, und dachte, dass sich hier eine Art von Verbundenheit zeige. Und er sagte: »Jetzt rede ich wie Sie, das ist seltsam. Aber ich finde es schön. Verstehen Sie etwas von Buddhismus?« Ich erzählte ihm, dass ich schon lange meditieren würde und eine Lehrerin hätte, der es wichtig sei, dass wir auf unser Wohlbefinden bedacht seien, um so Erfahrungen in der Meditation zulassen zu können. Er schwieg eine längere Zeit, dann meinte er: »Da bin ich froh, dass Sie davon etwas verstehen. Denn die buddhistischen Ideen finde ich ja gut. Ich hatte ein bisschen Angst, dass Sie mir das übelnehmen, dass ich dort war.«

Im weiteren Verlauf nahm er dann immer wieder Bezug auf buddhistische Konzepte und wir konnten, da er das ausdrücklich erbeten hat, gemeinsam seine Erfahrungen bei der Meditation betrachten und auch analysieren. Ich fragte ihn, da er sich immer wieder tief verzweifelt fühlte, schließlich auch, ob er die Meditation der »Liebenden Güte« kenne, für mich sei sie manchmal hilfreich, wenn ich mich durch die traditionelle Achtsamkeitsmeditation überfordert fühlen würde. Er kannte sie nicht, informierte sich aber darüber und erzählte mir mit Begeisterung, wie gut sie ihm tue. Wir konnten davon ausgehend auch besprechen, dass es wichtig sei, alle seine kindlichen verletzten Ichs zu trösten und liebevoll zu versorgen, und arbeiteten längere Zeit daran.

Hier verbanden sich psychodynamische und meditative buddhistische Arbeit auf heilsame Art, die wir beide trotz mancher dunklen Stunden als bereichernd erleben konnten. Gegen Ende der Behandlung teilte mir der Patient mit, er wolle sich einer buddhistischen Gemeinschaft – Sangha – anschließen. Etwas, was er sich wegen seines großen Misstrauens früher nicht zugetraut hätte. Ich schlug ihm vor, das gemeinsam genau anzusehen. Er berichtete mir von einer Gemeinschaft, die mir sehr streng erschien, und nach einer Weile fragte ich ihn, ob er barmherzig mit sich sein könne. Kaum dass ich es gesagt hatte, fühlte ich mich unwohl wegen der christlichen Konnotation und sagte ihm das. Er lachte. »Ich weiß schon lange, dass Sie sich nicht vom Christentum abgewendet haben so wie ich, ich habe Ihr Buch über Bachs Kantaten gelesen und auch die Arbeit zur Matthäus-Passion. Und ›barmherzig‹ ist ein gutes Wort, es bedeutet nicht genau das Gleiche wie Mitgefühl, oder?« »Ich empfinde es auch so, dass es Unterschiede gibt, beides hat seine Berechtigung, denke ich.« »Das kann ich jetzt auch denken. Und wenn ich wirklich mit mir barmherzig bin, dann sollte ich nicht in diese strenge Gemeinschaft gehen. Sie sagen zwar ›mögen alle Wesen glücklich sein und frei sein von Leiden‹, aber es geht fast nie fröhlich zu. Ich finde bestimmt noch eine für mich passendere Gruppe.« Tatsächlich gelang ihm dies.

12 Abschließende Überlegungen

Therapeutos im Altgriechischen bedeutet unter anderem Weggefährte. Die Wege, die wir mit unseren Patienten und Patientinnen gehen, erlebe ich so, dass achtsames Mitgefühl im Gepäck zu haben sehr unterstützend sein kann. Wir machen dabei Erfahrungen wechselseitiger Abhängigkeit, keiner könnte den Weg allein gehen und dabei genau die Erfahrungen machen, wie sie zu zweit möglich sind. Um diese Erfahrungen auf tiefe Weisen machen zu können, haben die neuen Richtungen der Psychoanalyse wie Intersubjektivität und Relationalität uns neue Türen geöffnet.

Verbundenheit im Buddhismus hat jedoch noch eine andere Qualität. Hier geht es um Mitgefühl für alles Lebendige, also auch Tiere, Pflanzen, die Erde. So mag es auch eine therapeutische Aufgabe sein, mehr auf Anzeichen zu achten, wie die Patientin, der Patient danach sucht, was oft vorkommt, von uns aber überhört wird, weil wir darauf selten gefasst sind.

Im (Mahāyāna-)Buddhismus geht es darum, dass »Intersubjektivität die Folge eines Verständnisses ist, dass sich alle Phänomene aus einer interdependenten Verbindung als individuelle Phänomene konstituieren. Der Mensch wird als spezifische Kombination von Phänomenen betrachtet, die sich andauernd in Dialog mit allen anderen Phänomenen befinden. Psychologisches Wohlbefinden lässt sich in dieser Lehre nur in der Einbindung dieser Erkenntnis in alle Aktivitäten des Lebens und der Überwindung jeglicher Selbstbezogenheit verwirklichen« (Virtbauer, 2009, S. 1).

Das erste Thema dieses Buches ist Mitgefühl. Bald wurde mir deutlich, dass dieses Thema schwerlich ohne Bezugnahme auf buddhistische Lehren und vor allem Praxis erhellt werden kann. So habe ich begonnen, meine langjährige Suche nach Gemeinsamkeiten von psychoanalytischen und buddhistischen Lehren zu benennen und mich auf kundige Kolleginnen und Kollegen zu beziehen, die damit schon lange unterwegs sind.

Als traditionell sozialisierte Psychoanalytikerin, die aber mit den strengen Regeln spätestens seit der Begegnung mit schwer traumatisierten Patientinnen Probleme hatte, bin ich dankbar für die neueren Entwicklungen in der Psychoanalyse, die ganz andere Möglichkeiten der psychoanalytischen Begegnung eröffnen. Ich möchte an dieser Stelle darauf hinweisen, dass zum Beispiel C. G. Jung in seiner Komplextheorie, die wiederum auf Pierre Janet zurückgeht, sehr früh (1911) den Niederschlag von Beziehungen thematisierte, mehr als das Freud getan hat. Wie es scheint, hat Freud mit Janet insbesondere wegen der unterschiedlichen Theorien zur Traumagenese Konflikte gehabt und möglicherweise auch deshalb mit Jung, weil dieser sich auf Janet bezog. So stand bereits am Beginn der Psychotherapie eine Neigung zum Ausschluss statt zum Dialog. Dass das menschlich ist, sei unbestritten. Ich wünsche mir, dass wir eine solche Haltung heute weniger benötigen und deshalb offen dafür sind, Verbindungen herzustellen, die wir früher nicht erkennen konnten.

Eine achtsame und vor allem mitfühlende Haltung des Therapeuten ist eine Bereicherung für die therapeutische Arbeit. Es erscheint mir erstrebenswert, Mitgefühl eine Grundbedingung jedes therapeutischen Handelns werden zu lassen. Sich darin bewusst und regelmäßig zu üben – etwa in formeller Meditation, aber auch im Alltag – kann ein Gewinn sein, der uns selbst, aber auch unseren Patientinnen und Patienten zugutekommt.

Literatur

Altmeyer, M.; Thomä, H. (Hrsg.) (2006). Die vernetzte Seele. Die intersubjektive Wende in der Psychoanalyse. Stuttgart: Klett-Cotta.
Anderssen-Reuster, U. (2011). Achtsamkeit in Psychotherapie und Psychosomatik. Haltung und Methode (2. Auflage). Stuttgart: Schattauer.
Anderssen-Reuster, U.; Meibert, P.; Meck, S. (2013). Psychotherapie und buddhistisches Geistestraining. Methoden einer achtsamen Bewusstseinskultur. Stuttgart: Schattauer
Aron, L.,: Harris, A. (2006). In Beziehung denken – in Beziehung handeln. Neuere Entwicklungen der relationalen Psychoanalyse. In M. Altmeyer, H. Thomä (Hrsg.), Die vernetzte Seele. Die intersubjektive Wende in der Psychoanalyse. Stuttgart: Klett-Cotta
Ausländer, R. (1984). Wachsen dürfen. In: Gesammelte Werke, Band IV. Hrsg. von Helmut Braun. Frankfurt a. M.: S. Fischer.
Bankart, C. P. (2004). Five manifestations of the Buddha in the West. A brief history. In H. K. Dockett, G. R. Dudley-Grant, C. P. Bankart (Eds.), Psychology and Buddhism: From individual to global community. New York: Kluwer Academic Publishers.
Benedetti, F. (2011). The patient's brain: The neuroscience behind the doctor-patient relationship. Oxford: University Press.
Birnbach, L. (2010). Psychoanalysis and Buddhism. In: Issues in Psychoanalytic Psychology, Vol. 32, No. Ié2.
Bohleber, W. (Hrsg.) (2000). Psyche – Zeitschrift für Psychoanalyse und ihre Anwendungen. Sonderheft 2000: Trauma, Gewalt und kollektives Gedächtnis. Stuttgart: Klett-Cotta.
Buchheld, N.; Walach, H. (2004). Die historischen Wurzeln der Achtsamkeitsmeditation – ein Exkurs in Buddhismus und christliche Mystik. In T. Heidenreich, J. Michalak (Hrsg.), Achtsamkeit und Akzeptanz in der Psychotherapie. Tübingen: Dgvt-Verlag.
Buchholz, M. (2003). Vorwort. In S. A. Mitchell, Bindung und Beziehung. Auf dem Weg zu einer relationalen Psychoanalyse. Gießen: Psychosozial.

Buechler, S. (2009). Psychotherapeutische Tugenden: Elementare Gefühle und gelebte Werte in der relationalen Psychoanalyse. Gießen: Psychosozial.

Cremerius, J. (1984). Vom Handwerk des Psychoanalytikers: Das Werkzeug der psychoanalytischen Technik. Stuttgart: Frommann-Holzboog.

Dornberg, M. (2008). Trauma und Verwundbarkeit bei E. Levinas und in der Traumatherapie. psycho-logik, 3, 195–211.

Engler, J. (2003). *Being* somebody and being nobody: A reexamination of the understanding of self in psychoanalysis and Buddhism. In J. D. Safran (Ed.), Psychoanalysis and Buddhism. An unfolding dialogue (pp. 35–79). Somerville, MA: Wisdom Publications.

Engler, K. (2006). Philosophie eines Überlebenden. Deutschlandfunk 11.01.2006.

Epstein, M. (1996). Gedanken ohne Denker. Frankfurt a. M.: S. Fischer.

Epstein, M. (2008). Psychotherapy without the self. A Buddhist perspective. New Haven: Yale University Press.

Ermann, M. (2014). Der Andere in der Psychoanalyse. Die intersubjektive Wende. Stuttgart: Kohlhammer.

Federn, P. (1953). Ego psychology and the psychoses. Oxford: Basic Books.

Ferenczi, S. (1920/1927). Weiterer Ausbau der »aktiven Technik« in der Psychoanalyse. In S. Ferenczi, Bausteine zur Psychoanalyse. Bd. II. Leipzig: Internationaler Psychoanalytischer Verlag.

Ferenczi, S. (1933/1964). Sprachverwirrung zwischen den Erwachsenen und dem Kind. In S. Ferenczi, Bausteine der Psychoanalyse, Bd. 3. Bern, Stuttgart: Huber.

Frank, J. (1981). Die Heiler. Wirkungsweisen psychotherapeutischer Beeinflussung. Vom Schamanismus bis zu den modern Therapien. Stuttgart: Klett-Cotta.

Fromm, E. (2014). Den Menschen verstehen. Psychoanalyse und Ethik (10. Auflage). München: dtv. (Englisches Original: »Man for himself«, 1946)

Fromm, E.; de Martino, R.; Suzuki, D. T. (1972). Zen-Buddhismus und Psychoanalyse. Frankfurt a. M.: Suhrkamp.

Fulton, P. (2009). Achtsamkeit als klinisches Training. In C. Germer, S. Siegel, P. Fulton, Achtsamkeit in der Psychotherapie. Freiburg: Arbor.

Gadamer, H. G. (1975). Wahrheit und Methode. Grundzüge einer philosophischen Hermeneutik (4. Auflage). Tübingen: Mohr.

Gäng, P. (2002). Buddhismus. Frankfurt a. M.: Campus.

Germer, C. (2011). Der achtsame Weg zur Selbstliebe: Wie man sich von destruktiven Gedanken und Gefühlen befreit. Freiburg: Arbor.

Germer, C.; Siegel, R.; Fulton, P. (2009). Achtsamkeit in der Psychotherapie. Freiburg: Arbor.

Ghent, E. (1992). Vorwort. In N. J. Skolnick, S. C. Warshaw (Eds.), Relational perspectives in psychoanalysis (pp. xiii–xxii). Hillsdale, NJ, The Analytic Press.

Gottschlich, M. (2007). Medizin und Mitgefühl. Die heilsame Kraft empathischer Kommunikation. Wien: Böhlau.

Grossman, P. (2004). Das Üben von Akzeptanz: Eine einzigartige klinische Intervention für die Verhaltenswissenschaften. In T. Heidenreich, J. Michalak (2004). Achtsamkeit und Akzeptanz in der Psychotherapie (S. 69–101). Tübingen: Dgvt-Verlag.

Grossman, P. (2015). Mindfulness: Awareness informed by an embodied ethic. Mindfulness, 6, 17–22. DOI 10.1007/s12671-014-0372-5

Gruber, H. (2011). Ursprüngliche Achtsamkeit. Buddhismus aktuell, 4/11, 38–41.

Habermas, J. (2010). Zum Tod von Richard Rorty. Immer wieder schockiert. Süddeutsche Zeitung 17. Mai 2010.

Hardt, J. (2015). Leistet das Konzept der professionellen Identität, was wir uns von ihm versprechen? In S. Walz-Pawlita, B. Unruh, B. Janta (Hrsg.), Identitäten. Gießen: Psychosozial.

Harrer, M. E.; Weiss, H. (2015). Wirkfaktoren der Achtsamkeit: Wie sie die Psychotherapie verändern und bereichern. Stuttgart: Schattauer.

Heidenreich, T.; Michalak, J. (2004). Achtsamkeit und Akzeptanz in der Psychotherapie. Tübingen: Dgvt-Verlag.

Hobfoll, S. E.; Watson, P.; Bell C. C.; Bryant, R. A.; Brymer, M. J.; Friedman, M. J.; Friedman, M.; Gersons, B. P.; de Jong, J. T.; Layne, C. M.; Maguen, S.; Neria, Y.; Norwood, A. E.; Pynoos, R. S.; Reissman, D.; Ruzek, J. I.; Shalev, A. Y.; Solomon, Z.; Steinberg, A. M.; Ursano, R. J. (2007). Five essential elements of immediate and mid-term mass trauma intervention: Empirical evidence. Psychiatry, Winter, 70 (4), 283–315.

Holmes, J. (2012). Sichere Bindung und psychodynamische Therapie. Stuttgart: Klett-Cotta.

Hubble, M. A.; Miller, S. D. (2004). The client: Missing link for promoting a positive psychology. In A. Linley, S. Joseph (Eds.), Positive psychology in practice (pp. 335–353). Hoboken, NJ: Wiley.

Jung, C. G. (1911/1995). Ein kurzer Überblick über die Komplexlehre. In: Experimentelle Untersuchungen. Appendix, GW 2 (S. 622–629), Düsseldorf: Walter.

Jung, C. G. (1995). Gesammelte Werke. Bd. 11. Solothurn und Düsseldorf: Walter.

Kaniel, R. K.-I.; Eigen, M. (2013). Therapist from the depths: A conversation with Michael Eigen. http://www.tikkun.org/nextgen/therapist-from-the-depths-a-conversation-with-michael-eigen. Zugriff am 02.02.2016

Kohut, H. (1977). Introspektion, Empathie und Psychoanalyse. Aufsätze zur psychoanalytischen Theorie, zu Pädagogik und Forschung und zur Psychologie der Kunst. Frankfurt a. M.: Suhrkamp.

Kolk, S. (2015). Geh und sieh selbst. Die Buddha-Lehre auf den Punkt gebracht. Oy-Mittelberg: Jhana-Verlag.

Körner, J. (2016). Psychodynamische Interventionsmethoden. Göttingen: Vandenhoeck & Ruprecht.

Levinas, E. (2006). Die Unvorhersehbarkeit der Geschichte. Freiburg: Alber.

Orange, D. M. (2006). For whom the bell tolls: Context, complexity, and compassion in psychoanalysis. International Journal of Psychoanalytic Self Psychology, 1, 5–21.

Orange, D. M.; Atwood, G. E.; Stolorow, R. D. (2001). Intersubjektivität in der Psychoanalyse. Frankfurt a. M.: Brandes und Apsel.

Reddemann, L. (2001/2014). Imagination als heilsame Kraft (18. Auflage). Stuttgart: Klett-Cotta.

Reddemann, L. (2004). Eine Reise von 1000 Meilen beginnt mit dem ersten Schritt. Seelische Kräfte entwickeln und fördern. Freiburg: Herder.

Reddemann, L. (2008). Würde – Annäherung an einen vergessenen Wert in der Psychotherapie. Stuttgart: Klett-Cotta.

Reddemann, L. (Hrsg.) (2011). Kontexte von Achtsamkeit in der Psychotherapie. Stuttgart: Kohlhammer.

Reddemann, L. (2012). Psychodynamisch Imaginative Traumatherapie. Das Manual (vollständig überarbeitete Neuauflage). Stuttgart: Klett-Cotta.

Renik, O. (2003). Seeking and subjectivity in buddhism and psychoanalysis. In J. D. Safran (Ed.), Psychoanalysis and Buddhism (pp. 318–323). Somerville, MA: Wisdom Publications.

Rorty, R. (2000). Wahrheit und Fortschritt. Frankfurt a. M.: Suhrkamp Wissenschaft.

Rubin, J. B. (2003). A well-lived life: Psychoanalytic and buddhist contributions. In J. D. Safran (Ed.), Psychoanalysis and Buddhism (pp. 387–409). Somerville, MA: Wisdom Publications.

Safran, J. D. (Ed.) (2003). Psychoanalysis and Buddhism. Somerville, MA: Wisdom Publications.

Safran, J. D.; Muran, J. C. (2000). Negotiating the therapeutic alliance: A relational treatment guide. New York: Guilford.

Suler, J. (1993). Contemporary psychoanalysis and eastern thought. Albany: State University of New York Press.

Svenäus, F. (2003). Hermeneutics of medicine in the wake of Gadamer: The issue of phronesis. Theoretical Medicine and Bioethic, 24 (5), 407–431.

Thomä, H. (1984). Der Beitrag des Psychoanalytikers zur Übertragung. Psyche – Zeitschrift für Psychoanalyse und ihre Anwendungen, 38, 29–62.

Thomä, H. (2000). Gemeinsamkeiten und Widersprüche zwischen vier Psychoanalytikern. Psyche – Zeitschrift für Psychoanalyse und ihre Anwendungen 54, 172–189.

Thomä, H.; Kächele, H. (1985). Lehrbuch der psychoanalytischen Therapie, Bd. 1. Berlin, Springer.

Virtbauer, G. D. (2009). Intersubjektivität in Mahayana-Buddhismus und relationaler Psychoanalyse. Journal für Psychologie, 17, 3.

Wampold, B. E. (2010). The basics of psychotherapy: An introduction to theory and practice (theories of psychotherapy). Washington, DC: American Psychological Association.

Weber, B. (2013). Zwischen Vernunft und Mitgefühl: Jürgen Habermas und Richard Rorty im Dialog über Wahrheit, politische Kultur und Menschenrechte. Freiburg: Karl Alber.

Weischede, G.; Zwiebel, R. (2009). Neurose und Erleuchtung. Anfängergeist in Zen und Psychoanalyse. Ein Dialog. Stuttgart: Klett-Cotta.

Weischede, G.; Zwiebel, R. (2015).Buddha und Freud – Präsenz und Einsicht. Über buddhistisches und psychoanalytisches Denken. Göttingen: Vandenhoeck & Ruprecht.

Weiss, J. (1993). How psychotherapy works. Technique and process. New York: Guilford Press.

Welwood, J. (2010). Psychotherapie & Buddhismus. Der Weg persönlicher und spiritueller Transformation. Freiburg: Arbor.

Wetzel, S. (2015). Achtsamkeit und Mitgefühl. Mut zur Muße statt Hektik und Burnout. Stuttgart: Klett-Cotta.

Young-Eisendraht, P. (2003). Transference and transformation in buddhism and psychoanalysis. In J. D. Safran (Ed.), Psychoanalysis and Buddhism (pp. 301–317). Somerville, MA: Wisdom Publications.